KB127916

삶의 방향이 달라져도 괜찮아

전소영 지음

삶의 방향이
달라져도 괜찮아

지금,
이 길이 맞는지
불안한 당신을 위해

RHK
알에이치코리아

세상일은 정말 날씨처럼 변화무쌍하다. 그런 수많은 변화들에 적응하면서, 도전하면서 유연하게 대처하는 자세가 필요하다. 유니크한 기상캐스터에서 대기업 직장인으로의 변화, 단절 속에서 새로운 연속을 찾아 나갈 때 느끼는 갈등과 솔루션을 가감 없이 볼 수 있는 책이다.

— 신한은행 팀장 오건영

전소영 씨는 신입 방송인이던 시절부터 화면의 자신보다 실제 자신을 둘러싼 삶의 균형을 중시하던 후배였다. 제자리에 머물러 시간을 흘려보내지 않고, 항상 시간을 부여잡고 자신 안에 있는 무언가를 채굴하는 것에 온 정신을 쏟았던 사람으로 기억한다. 그가 무엇을 찾았는지 이 책에서 들여다볼 수 있을 것이다. 여러분도 자신 안의 보석을 찾아내길 바란다.

— 아나운서 배성재

대학생 활동 프로그램 주관자로 만나 전소영 작가를 알아온 것이 10년이 넘었다. 그는 항상 긍정적인 호기심을 잃지 않고 노력해온 젊은이다. 이런 장점들은 앞으로도 더욱 많은 도전으로 그를 인도할 것이다. 직업군인, 삼성맨을 거쳐 공직에 있는 나보다 더 보람 있고 풍성한 삶이 펼쳐지기를 기대해본다.

— 전 삼성전자 부사장, 현 강원도 경제부지사 정광열

화창한 하늘만 보고 집을 나섰다가 갑자기 소나기가 내려 '기상 예보 보고 나올걸' 후회한 적이 한 번쯤은 있을 것이다. 매일 아침 날씨를 알려주던 소영이의 이 책은, 삶의 기로 속에서 고민 중인 당신에게 마치 외출 전 확인하는 기상 예보처럼 도움을 줄 것이다. 때로는 친절하고 실용적인 조언으로 때로는 따뜻한 응원과 위로로 삶의 방향이 달라져도 괜찮다고 말하는 이 책을 읽고 보니, 인생에서 소나기가 내린다면 '우산 챙길걸'이 아니라 '그래, 비 맞고 흠뻑 젖으면 좀 어때'라는 생각이 든다.

— 카카오엔터테인먼트 PD 권해봄

무언가 새로운 일에 도전한다는 것은 쉽지 않은 일이다. 삶에 정답은 없다는 것을 알면서도, 막상 선택의 기로에 서게 되면 발걸음을 내딛기 쉽지 않다. 그럼에도 불구하고 뭔가를 얻은 사람들은 하나같이 용기를 낸 사람들이다. 그 어려운 한 걸음을 목전에 두고 있는 사람들에게 이 책을 보라고 권하고 싶다.

— 마운드미디어 CSO 전준영

"지금까지
날씨를 전해드렸습니다"

모든 것이 편해졌다. 일이 쉬워졌다고 느꼈다. 그래서 떠나야겠다고 마음먹었다. 그리고 결국 작년 4월, 나는 방송국을 떠나 전혀 낯선 곳으로 가게 됐다. 작년은 방송을 시작한 지 햇수로 9년이 되는 해다. 꼭 10년을 채우고 싶었지만, 내 발로 나왔다.

돌이켜보면 나의 방송 생활은 참 괜찮았다. 방송을 한다는 것 자체도 재미있었고, 힘이 되는 친한 선후배들과 동료들이 있었다. 누구나 한 번쯤 해본 지각조차 없었으며, 큰 사고 역시 친적 없었다. 나에게 붙는 많은 수식어들, 예들 들어 '방송인, 유튜버, 스피치 강사, 박사과정 대학원생, 아나운서, 기상캐스터'처럼 화려한 모습을 기대하겠지만, 나는 그런 것과는 거리가 멀었다. 내가 좋아하고, 하고 싶었던 일을 계속해왔을 뿐, 잿밥에는 크게 관심이 없었다.

　　　방송을 하는 사람으로서 나는 누군가의 꿈이었다. 그 간절한 마음을 잘 알고 있기에 재능 기부 강의를 주기적으로 열었고, 꾸준히 후배를 양성하는 일에도 힘써왔다. 시간을 쪼개 공부를 했고, 방송도 늘 최선을 다해 준비했다. 매일 비슷한 내용이라도 좀 더 기분 좋게 전달할 수 있도록, 멘트 하나라도 좀 더 알기 쉽게, 친절하게 전하려고 노력했다. 나의 노력과 성실함으로 쌓인 하루하루가 이 길을 걷게 될 다음의 누군가에게 부끄럽지 않도록 정말 열심히 살았다. 그 덕분에 안팎으로 평판도 좋았다.

4년 가까이 아침 출근길 날씨를 진행하며 나의 날씨를 찾아보고, 좋아해주는 사람들도 생겼다. 시간대를 가리지 않고 낮이든, 밤이든 방송도 다양하게 해보았다. 방송 활동을 하며 얻는 즐거움과 보람도 많았다. 누군가의 멘토가 되었고, 여기저기서 들어오는 강의 요청들, 행사 MC, 아나운서로 불러주는 곳도 있었다. 적당한 인지도에 구설수 없는 방송인이었다. 이대로도 괜

"지금까지
날씨를 전해드렸습니다"

찮았다.

하지만 때때로 무엇인가 완전히 해소되지 않는 목마름을 느꼈다. 누구나 예측할 수 있는 뻔한 삶의 길을 걷고 싶지 않았다. 여기서 안주해 버리고 마침표를 찍기에는 내 삶이 너무 아깝고 아쉬웠다. 그리고 또 다른 꿈이 생겼다. 그렇게 나는 많은 고민 끝에 이직하기로 마음먹었다.

서른세 살, 기혼여성, 9년 차 방송인은 방송국을 나와 어디로 갔을까? 프리랜서 방송인? 쇼호스트? 출산 혹은 육아? '방송하는 여성'에게 흔히들 가지고 있는 편견 혹은 선입견이 나에게는 해당되지 않는다는 것을 증명하고 싶었다. 누구나 쉽게 예상할 수 있는 선택지를 과감히 버렸다. 남들이 정해 놓은 기준에 맞춰 살고 싶지 않았다. 모두가 한계를 지어 놓은 나의 미래를 바꾸고 싶었다. 그래서 나는 새로운 꿈을 실현해 보기로 결심했다. 정말 해보고 싶었던 것을 더 늦기 전에 이뤄 보기로 결심했다. SBS에서 함께 일했던 한 카메라 감독님은 나를 볼 때마다 넓은 들판에 뛰어노는 순록 같다는 말을 자주 하셨다. 나의 이면에 숨겨진 자유분방하고 과감한 모습을 보셨던 걸까.

대기업 인사팀으로 이직한 지 1년이 지났다. 그동안 경험해보지 못했던 완전히 다른 일들이 나에게 펼쳐졌다. 일하는 방식부터 업무 내용, 조직 문화, 규칙, 함께하는 사람들, 모든 것이 낯설고 새롭다. 출퇴근 시간부터 충격적이다. 점심시간도 고작 1시간뿐. 진한 화장과 화려한 조명은 없고 빳빳하게 헤어스프레이로 고정된 머리도 없다. 일에 치여 머리는 헝클어진 지 오래다. 모니터를 계속 보며 일하다 보니 눈의 피로도를 조금이라도 줄이려고 블루라이트 차단 안경도 맞췄다. 오늘도 꽉 막힌 사무실에서 모니터를 바라보며 무언가 열심히 두드린다. 나, 잘한 결정이겠지? 그 찰나, 또 하고 싶은 것이 생겼다!

이 책은 늘 열정 가득히 그리고 무엇이든 열심히 부딪쳐보면서 살아가는 당신 가까이에 있을 법한 언니이자 누나의 이야기다. 정해진 뻔한 코스 말고 나만의 이야기를 만들어가는 한 사람의 이야기이기도 하다. 오랜 시간 꿈꿔온 방송인으로서의 삶을 접고 전혀 다른 새로운 꿈을 꾸며 오늘도 용감히 나의 길을 걸어가고 있는 발자취이기도 하다. 만약 아래와 같은 생각을 한 번이라도 한 적이 있다면, 이 책을 읽어보기를 권하고 싶다.

• 꿈은 많지만, 선뜻 실행에 옮길 용기가 나지 않는다.

"지금까지
날씨를 전해드렸습니다"

- 오래 해오던 일이 익숙하거나 다른 일이 겁이 나서 일을 바꾸지 못한다.
- 이직하고 싶지만 새로운 곳에서의 적응은 두렵다.
- 지금 하고 있는 일이 100% 만족스럽지 않다.
- 새로운 일에 도전해보고 싶다.
- 나만의 특별한 이야기를 만들고 싶다.
- 한 번뿐인 인생을 후회 없이 살고 싶다.
- 프로 N잡러가 되고 싶다.

이 책은 소중한 삶을 허무하게 그저 흘려보내지 않기 위한 방법을 내 나름대로 정리한 것이다. 용기를 내어 적은 나의 이야기들이 도전을 망설이고 있는 누군가에게 작은 희망이 되었으면 한다. 삶의 방향이 조금 틀어져도, 생각한 대로 되지 않아도 인생의 여러 샛길이 있다는 것을 알길 바란다.

또한 이 책은 어떻게 인생을 아낌없이, 마음껏 살아볼 수 있는 지에 대한 기록이기도 하다. 책에는 두려웠지만 설렜던 여러 도전들과 내가 시도해 보았던 효과적인 이직의 방법들을 적어놓았다. 그리고 지치지 않고, 도전하며 용기 있게 살아갈 수 있는 방법들에 대해서도 적었다.

이 책은 왜 방송국을 떠나 기업으로 가게 되었는지에
대해 받았던 수만 번의 질문에 대한 답이기도 하다. 방송만 9년
을 이어 온 기상캐스터가, 전혀 다른 분야의 도전을 완수해 내
기까지 겪었던 많은 감정과 우여곡절들, 그때 진작에 누군가가
나에게 알려줬다면 좋았을 것들을 많은 이들과 나누고 싶었다.
그리하여 나와 비슷한 고민을 가진 이들에게, 꿈을 가진 이들에
게 조금이라도 고민의 무게를 덜어주고 싶었다. 그래서 정말 솔
직한 이야기들을 담아보려 했다.

당신에게 이 책이, 아무런 준비 없이 밖을 나선 어느 날, 갑작스
럽게 내린 소나기를 막아줄 우산이 되길 바라본다.

전소영

"지금까지
날씨를 전해드렸습니다"

(차 례)

1장 우리의 인생은 날씨와도 같아서

2장 해볼 걸 후회하지 말고 시작해볼 것

1장

우리의 인생은
날씨와도 같아서

생각한 대로 되지 않아도
좌절할 필요 없다

봄철 갑작스레 찾아오는 추위는 유독 더 매섭다. 초봄이 지나고 날이 좀 따뜻해지나 싶다가 갑자기 기온이 내려가며 추워지는 것을 일컬어 꽃샘추위라고 한다. 이때는 급격한 기온 변화로 오히려 한겨울 한파 때보다 유독 날씨가 더 춥게 느껴진다. 이 시기에는 감기에 걸리지 않도록 특히 더 조심해야 한다. 하지만 너무 걱정하지 않아도 된다. 이내 며칠이 안 가 추위는 잦아든다. 그리고 봄꽃이 피어난다.

살다 보면 생각한 대로 일이 잘 풀리지 않고 전혀 예상치 못한 방향으로 흘러갈 때가 있다. 그럴 때는 3~4월 즈음에 봄을 떠

우리의 인생은
날씨와도 같아서

올려보자. 잠시 꽃샘추위가 찾아왔다고 생각하면 그 순간을 버텨낼 수 있는 힘이 생긴다. 반짝 꽃샘추위가 지나고 나면 다시 극도로 추울 일은 잘 없다. 곧 완연한 봄이 오기 때문이다. 원래 누구에게도 삶은 예측대로만 되지 않는다. 어렸을 적에는 꿈꾸고 마음먹기만 해도, 장래 희망에 적어내기만 해도 다 이뤄낼 수 있을 줄 알았다. 하지만 어른이 되어 겪어본 현실은 그리 호락호락하지 않았다. 내 의지대로 되지 않는 일이 더 많고, 모든 일이 계획한 대로만 착착 진행되기는 더 어려웠다.

하지만 생각한 대로 되지 않아도 너무 아쉬워하거나 실망할 필요가 없다. 하루하루 최선을 다해 살아가다 보면 결국 날씨는 따뜻해지고 봄꽃이 피어나듯 새로운 길이 열리고, 새로운 마음이 피어오른다. 인생은 그렇게 날씨처럼, 계절처럼 자연스럽게 흘러가게 되어 있다.

　　돌아보면 나의 삶은 날씨 그 자체였다. 변화무쌍했다. 모르는 누군가가 멀리서 바라본 나의 인생은 언제나 화창해 보였을 수도 있다. 가까이 들여다보면 어떤 날에는 기온이 곤두박질치기도, 비바람이 불기도, 때로는 태풍이 몰아치기도 했다. 물론 이따금씩 햇볕이 쨍할 때도 있었다. 그렇게 날씨 같은 삶을 살았다.

그리고 이제 나의 날씨는 또다시 새로운 계절로 막 접어들었다. 삶은 마치 예측할 수 없는 날씨처럼 늘 내가 생각했던 대로 흘러가는 것은 아니었지만 그때마다 나는 적응하고, 극복하고, 변화하려고 했다. 추운 겨울을 보내고 봄이 찾아오고, 황사와 미세먼지를 견디고 나면 녹음이 짙어지고 잎이 떨어지는 마법과도 같은 날씨의 순리처럼, 나도 그래야겠다고 매번 다짐했다. 왜냐하면 삶은 원래 그런 거니까.

기상캐스터로 일할 때의 일이다. 각종 기상청 자료와 예보를 분석했더니 오늘은 틀림없이 비가 올 것 같았다. 그래서 "오늘 비가 내릴 것으로 예상됩니다. 우산 잊지 말고 꼭 챙기셔야겠습니다"라고 밝게 웃으면서 방송을 마쳤다. 그리고 밖을 나왔는데 해가 너무 쨍하게 떠 있어서 민망했었다. 기상청에서 아무리 훌륭한 장비와 위성, 레이더, 슈퍼컴퓨터를 총동원해 비가 내릴 것이라고 예측해도 실제로 비가 오지 않은 날이 많다. 하루는 예보에서도 방송에서도 전혀 비에 관한 언급을 안 했는데 갑자기 게릴라성 폭우로 온 나라가 발칵 뒤집힌 적도 있었다. 종종 이렇게 빗나가는 기상 예보의 원인은 지구 온난화로 인한 기후 변화, 장마철의 특성, 한국의 지형적 특성 등의 여러 요인이 있다. 그렇다 하더라도 날씨는 참 까다롭고, 변덕스럽고, 어

우리의 인생은
날씨와도 같아서

렵다. 8년간 매일같이 날씨 원고를 쓰고, 분석하고 고민하며 직접 날씨를 전했지만, 날씨는 늘 나와 밀당 중이니 참 어렵고도 어렵다. 우스갯소리로 기상청 체육대회 날에는 비가 온다는 말이 있을 정도이니 말이다. 기상캐스터로 일하면서 본의 아니게 "왜 부산에 비 온다고 했는데 안 오냐? 전소영 기상캐스터 전화 좀 바꿔봐라"라든지, "주말에 비 안 온대서 캠핑 잡았는데 이 피해를 어떻게 물어낼 거냐"라며 항의도 많이 받았다. 날씨도 이렇게 복잡하고 종잡을 수 없는데 하물며 우리 매일의 삶은 어떻게 다이내믹하지 않을 수 있을까?

　　삶도 마찬가지다. 인생의 계획들을 아무리 미리 준비한다고 하더라도 어느 순간 예기치 못하게 맞닥뜨리는 상황들을 내 힘으로 오롯이 제어할 수는 없다. 날씨도 나의 삶도 뭐 하나 마음대로 쉽게 되는 것은 없었다. 하지만 계속해서 시행착오를 겪으면서 알게 된 것은, 날씨가 조금 변덕스럽다고 하더라도, 삶의 방향이 조금 틀어진다고 하더라도 우리가 걱정하는 것처럼 그리 큰 문제는 생기지 않는다는 것이다. 갑자기 소나기가 쏟아지면 편의점에 들어가 우산을 사면 되고, 주말에 비가 와서 야외 활동 계획이 틀어졌다면 다음으로 미루면 된다.
삶의 방향이 달라지면 그 순간에는 잠시 당황스럽고 겁도 나고 두려울 수 있지만 그 과정을 잘 극복하고 난 뒤에는 생각지도 못한 새로운 길이 열린다는 것을 알게 되었다. 이번 주에 가는 캠핑보다 비가 그친 뒤 미세먼지 없이 더 맑은 하늘에서 즐기는 다음 주의 캠핑이 더 좋을 수 있고, 갑작스럽게 소나기를 피하느라 잠시 들른 편의점에서 운명의 상대를 만날 수도 있다. 본인이 가지고 있는 큰 목표와 가치만 명확하다면 그 안에서의 잠시 잠깐의 혼란이 있더라도 조급해하지 말자. 방황하고 고민하면서 방향을 튼다고 할지라도, 잠시 돌아가더라도 결국에 그 길들은 나의 삶이 되어 있을 것이다.

8년간 매일같이 날씨와 가까이 지내다가 기업으로 이직하면서 날씨와의 관계가 급격히 소원해졌다. 이전에는 누가 툭 치면 로봇처럼 줄줄줄 날씨를 알려줬고 한 달 정도의 날씨 정보까지도 머릿속에 꿰고 있었다. 그 시간들이 무색하게 지금은 밖이 추운지, 더운지, 눈이 오는지, 비가 오는지 크게 상관없는 사무실에 앉아 일하느라 정신이 없다. 뉴스에 들어가는 1분 남짓의 기상 방송은 온전히 기상캐스터가 원고부터 CG, 멘트까지 다 도맡아 챙긴다. 대부분의 사람들이 누가 날씨 대본을 써주는 것은 아닌지, 보고 읽는 것은 아닌지 아직도 오해하고 있는데, 직접 대본을 쓰고 CG를 의뢰하며 매일 멘트를 고민한

우리의 인생은
날씨와도 같아서

다. 토요일과 일요일 중에 하루는 꼭 당직을 했고 쉬지 못한 날도 많았다. 힘들 때도 있었지만, 때로는 보람찼고, 지루해질 때쯤 날씨는 또 요동쳤다. 그렇게 나는 어렵고 어려운 날씨와의 일방적인 짝사랑을 꽤 오랜 시간 해온 셈이다. 날씨를 짝사랑했던 이유는 알 것 같다가도 모르겠고, 이제 좀 다가가나 싶으면 기상 이변 발생으로 멀어졌다. 날씨는 내 것인 듯 내 것 아닌 어렵고 심오한 대상이었다.

신기하게도 한순간도 똑같은 날씨는 없었다. 똑같이 맑은 날이라 하더라도 어떤 날은 낮 기온이 30도로 맑고, 어떤 날은 15도인데 맑다. 미세먼지 없이 맑을 수도 있고, 자외선 지수가 높은데 맑을 수도 있다. 흐려졌다가 맑아지기도 한다. 습도가 높은데 맑을 수도 있고, 분명 맑았다가 갑자기 비가 쏟아지기도 한다. 매일같이 날씨를 전했지만 나도 매번 다른 마음이었고 미묘하게 날씨도 조금씩 달랐다. 우리의 삶도 날씨를 닮았기 때문에 아무 특색 없이 똑같은 날들만 계속된다면 지루하고 재미없지 않겠는가? 매번 똑같은 CG를 만들고 같은 날씨 멘트를 했다면 나는 이 일을 그리 오래 좋아하지 못했을 것 같다. 예측할 수 없기에 기대하고, 변화할 가능성이 있기에 도전해볼 만한 가치가 있었다. 그러니 갑자기 찾아오는 변화와 현재 상황이 달라지는 것에 너무 두려워하지 말고 편안한 마음으로 받아들여 보자.

작년 겨울 온전히, 편한 마음으로 눈을 맞이한 것은 몇 년 만에 처음이다. 후배들에게는 참 미안한 이야기지만 눈이 펑펑 오니 반가웠다. 더군다나 작년 겨울은 유독 눈이 많이 내렸었다. 사실 기상캐스터에게 눈 오는 날은 비상 상황이다. 보통 기상 정보는 뉴스의 가장 마지막 파트에 들어가는데, 태풍, 미세먼지, 폭우, 폭설 등의 악천후에는 뉴스 가장 앞부분에 배치되고, 중간중간 수시로 특보도 들어간다. 그래서 계절이 바뀌고, 날씨가 변할 때마다 항상 마음을 졸였다. 눈이 오는 날은 잠을 뒤척이며 회사에서 연락이 왔는지 핸드폰 메시지를 계속 확인했다. 잠도 덜 깬 채 분주히 준비해야 한다. 곧 특보 연락이 올 수도 있기 때문이다.

이렇게 계절의 변화와 함께 기상캐스터의 시간도 간다. 나의 시간도 날씨를 따라 8년이 갔다. 겨울이면 늘 야외 중계를 나가곤 했는데 조금 가혹하긴 해도 기상캐스터라면 꼭 감수해야 할 숙명 같은 것이었다. 날씨를 생생하게 전하기 위해서 야외 중계는 피할 수 없었다. 평소에는 대부분 실내 스튜디오에서 방송을 진행하지만, 특별한 기상 상황에서는 야외 중계가 필수다. 한 번의 뉴스에 들어가는 날씨 방송을 준비하기 위해 메이크업을 받고, 대본을 쓰고, 외우고, CG를 준비하고, 스탠바이까지 하며 대기하는 데 보통 3시간 정도가 걸린다. 그런데 야외 중계의 경우 준비 시간도 더 오래 걸리고 대기 시간도 평소보다 길다. 그래서 야외 중계를 나가면 몸이 정말 고되고 힘들다. 특히 겨울철 야외 중계가 압권인데, 코끝이 얼얼해져 오는 매서운 칼바람을 견디며 야외에서 4시간 이상 서 있어야 한다. 차가운 바람은 온몸 구석구석을 파고드는데, 그래서인지 어떤 이들은 겨울철의 기상캐스터를 극한 직업이라고 표현하기도 한다. 스탠바이 후 방송 시작까지 꽤 오랜 시간을 계속 서 있다 보면 급기야 잠까지 온다. 하필 추위도 많이 타는 나는 방송국에서 야외 중계 전문 캐스터라고 불릴 정도로 야외 중계를 참 많이 나갔다. 새벽 4시에 일어나 잠도 덜 깬 상태로 옷을 껴입고, 회사에 가서 날씨 원고를 쓰고 CG를 만들고, 메이크업을 받고, 내복을 아래위로 두 개 정도 껴입고, 빵모자를 쓰면 준비 완료. 꽁꽁 무장을 한 뒤 여의도역이나 광화문역 아니면 신도림역으로 나간다. 출근하는 사람들을 가장 많이 만날 수 있는 곳이기 때문이다.

출근길 야외 중계를 3년 넘게 진행하는 동안 매해 겨울을 맞이하는 것이 참 두렵고 무서웠다. 겨울만 되면 너무 몸이 힘들어 일이 하기 싫어질 때도 많았다. 그럼에도 불구하고 추위를 싫어하는 내가 영하 20도를 넘나드는 야외를 매일같이 나가서 견딜 수 있었던 것은, 겨울이 언제까지고 계속되지 않으리라는 것을 알았기 때문이다. 겨울을 조금만 버티고 나면 곧 따뜻한 봄이 찾아온다. 그래서 나는 힘들어도 희망을 안고 매년 겨울을 버틸 수 있었다. 우리나라가 사계절이 아니고 겨울뿐이었다면 아마 나는 진작에 기상캐스터를 그만뒀을지도 모른다.

나도 내가 기상캐스터가 될 줄 몰랐다. 그것도 무려 8년이나 하게 될 줄은 더더욱 몰랐다. 사실 꽤 오랜 시간 그리고 꾸준히, 나의 꿈은 아나운서였다. 그래서 처음부터 이 일을 좋아했던 것은 아니고 하면서 더 애착이 갔다. 2014년 겨울, 종편 채널 아나운서 최종 면접을 보고 나오던 길이 아직도 생생하다. 눈이 엷게 흩날리던 추운 어느 겨울날, 어색하기만 한 뾰족구두와 정성스레 받은 메이크업을 하고 시험장에 들어서던 길. 완벽하진 않았지만 제법 그럴듯한 아나운서의 모습을 갖춘 상태였다. 1차부터 2차, 3차까지 이어지는 몇 달의 과정 끝에 최종으로 올라온 5명의 지원자들과 후회 없이 면접까지 마치고, 간절히 결과를 기다렸다. 매번 긴장되는 시간이었지만, 이번에는 정말 될 것 같았다. 합격 발표가 날 때까지 애써 신경 쓰려 하지 않았지만 아무것도 손에 잡히지 않았다. TV에 나오는 나를 상상하며 수많은 날들을 버텼다. 하루에도 수십 번씩 생각했다. 어떤 날은 떨어졌고, 어떤 날은 합격했다. 간절하게 시간을 보냈다. 합격이 바로 눈앞에 왔다고 느꼈는데 결과는 불합격. 나는 당시에 지상파, 케이블 아나운서 최종 면접까지 자주 올라갔던 터라, 전소영이 합격할 거라는 소문까지 돌아서 더 실망이 컸다. 마음고생이 정말 심했고, 아나운서 준비를 멈춰야겠다는 결심까지 했었다. 100% 나의 노력만으로 안 되는 곳이라면, 당연히 접어야 한다고 생각했다.

나는 그렇게 마음을 추스르며, 다시 학교 공부에 집중했다. 그로부터 몇 주 뒤, 어디선가 갑자기 전화 한 통이 걸려왔다. 기상캐스터를 해보지 않겠느냐고 했다. 처음에는 단칼에 거절했다. 기상캐스터? 생각해 보지도 못했다. 며칠 더 생각해 보고 답을 달라는 제안을 받고 고민이 이어졌다. 그렇게 2015년, 나는 생각지도 않게 기상캐스터가 됐다. 그리고 8년이라는 시간을 아낌없이 기상캐스터로 살아간다.

인생은 이렇게 날씨처럼 예측할 수 없는 상황과 순간들

의 연속이다. 우리는 삶에서 때때로 찾아오는 예측불허의 기상 이변과 상황들을 마주하게 된다. 그리고 이것들을 어떻게 받아들이고 대처할지가 중요하다. 나는 그때마다 혹여나 내 뜻대로 되지 않는다 하더라도 조금 적게 속상해 하려고 노력했다. 내가 원하는 시기에 그 일이 이루어지지 않는다 해도 실망하지 않고, 새로운 환경에 열심히 적응하고 최대한 상황을 긍정적으로 바라보기 위해 노력했다.

물론 생각지 못한 여러 일들 그리고 갑작스러운 시련은 사람을 의기소침하게 만들고, 의욕을 떨어뜨리게 할 수 있다. 우리를 둘러싼 외부적인 상황뿐만 아니라 우리 마음도 날씨와 같아서 언제든지 요동칠 수 있다. 좋았다가도 싫을 수도 있고, 너무 하고 싶던 일이지만 도전하기 싫어질 수도 있다. 하지만 자책할 필요가 없다. 가보지 않았던 길을 개척한다는 마음으로 설레며 변화에 적응해 나갈 수도 있고 잠시 쉬어가다 보면 또 다른 샛길을 만날 수도 있다.

다만, 포기하고 주저앉고 말 것인지는 온전히 나에게 달려 있다. 결국 외부 환경이 나의 삶을 흔들지라도 굴복하지 않고 내 삶의 중심은 나라는 사실을 믿고 나아간다면, 예상치 못한 삶의 새로운 변화는 오히려 전혀 생각지도 못했던 선물 같은 기회가 될 수도 있다. 새롭게 걸어가는 길이 전환점이 되어 나의 목표를 다시 세우게 할 수도 있다. 그래서 생각한 대로 인생이 되지 않는다고 해서 슬퍼할 필요가 없다.

어린 시절 나는 방송이 너무 하고 싶었고, 특히 아나운서가 되고 싶었다. 한동안은 그것만 바라보며 살았던 것 같다. 그런데 결국 나는 아나운서가 아닌 기상캐스터가 되었기 때문에 처음 내가 생각했던 방향대로 되지는 않았다. 그래서 과연 내가 그 일을 잘할 수 있을지 걱정부터 앞섰지만, 막상 기상캐스터로 활동하기 위한 실무 교육을 받고 본격적으로 일을 시작해보니 나와 잘 맞았고 점점 더 재밌어졌다. 어둡고 무거운 뉴스도 전해야 하는 아나운서와 달리, 기상캐스터는 대부분 밝은 표정으로 기상 정보를 전할 수 있었다. 밝고 긍정적인 나의 성격과도 잘 맞았다. 정해진 뉴스 시간대에만 일하다 보니, 업무 외에 개인 시간이 많다는 장점도 있었다. 오히려 아나운서만 쭉 했다면 내가 기상캐스터로 활동하며 경험했던 다른 것들을 해볼 수 있는 기회가 적었을 수도 있었겠다는 생각을 하곤 했다. 기상캐스터로 일한 덕분에 방송과 병행하면서 하고 싶었던 공부도 다시 할 수 있었고, 유튜브도 시작했고, 학생들을 가르쳤고, 좋아하는 강의도 많이 하러 다닐 수 있었다. 그리고 사내 아나운서나 행사 MC를 병행하며 다른 여러 분야에서 방송의 영역을 확장해 나갈 수 있었다.

그리고 KT 스카이라이프 사내 아나운서로 시작해 지상파 기상 캐스터로 일한 9년의 방송 생활을 뒤로하고 나는 2022년 4월, 대기업 경력직 채용에 합격한다. 나도 내가 일반 기업에, 그것도 인사팀에 입사하게 될 줄은 몰랐다. 인생에 반 이상을 꿈꿔 왔고 매일같이 해왔던 일을 과감히 접었다. 내가 제일 잘했던 일, 쌓아왔던 인지도, 차곡차곡 쌓아온 경험과 경력들을 뒤로하고 다시 한 기업의 신입 병아리가 되었다. 많은 것들이 리셋되었다.

처음에는 방송국과 기업의 너무 다른 문화의 차이, 낯선 환경으로 인해 적응하는 과정에서 나름의 많은 우여곡절이 있었지만 일이 적응되고 나니 또 그 나름의 재미와 보람을 찾아가고 있다. 하지만 어려운 도전을 이루어냈다고 해서 이곳이 끝이라고 안주하고 싶지는 않다. 앞으로도 가능한 한 많은 꿈을 꾸고 많은 것을 해보고 싶다. 꿈은 언제든지 바뀔 수 있다. 그리고 꿈이 바뀌면 어떤가? 새로운 도전과 다양한 경험들은 내가 살아내는 시간들을 풍요롭게 만들어준다. 그래서 나는 마주하는 일들에 모든 감각을 열어 최대한 많은 것을 느끼고 경험하려고 한다. 설령 꿈이 바뀐다고 하더라도 이전의 내가 준비한 것

우리의 인생은
날씨와도 같아서

들과 경험들은 사라지지 않는다. 도달하지 못했던 꿈이라 할지라도 유의미한 무언가를 분명히 남길 것이다. 이전의 꿈과 그것을 준비했던 치열한 기억들 그리고 꿈을 향해 나아갔던 시간들은 고스란히 나의 마음 구석구석에 자리 잡고 있다. 곳곳에 박혀 있는 시간과 경험, 인내는 또다시 새로운 방향으로 나아갈 수 있게 만드는 충분한 연료가 된다. 그렇게 많은 꿈들이 모여 남들과는 쉽게 대체 될 수 없는 나만의 이야기가 만들어진다.

나는 영어를 너무 좋아했지만 불문학과를 갔다. 치열한 준비 끝에 방송을 하게 되었지만, 방송을 하다 보니 다시 공부가 너무 하고 싶어 대학원을 갔다. 뉴스를 하고 싶어 아나운서를 준비했지만 스포츠 아나운서 시험에서 두각을 나타냈고, 돌고 돌아 결국 기상캐스터로 가장 오랜 시간 방송을 했다. 그리고 방송인으로서의 삶을 마치고 이제는 기업 인사팀의 직장인이 되었다. 간절히 원했더라도 꿈꿔왔던 것을 막상 이루고 난후의 마음은 이전과 같지 않을 수 있다. 직접 경험해보지 않으면 모른다. 방송을 하기 전에는 마냥 합격이라는 한 가지 목표만을 보고 달려갔기 때문에 방송을 하며 감수해야 하는 것들을 그 당시에는 당연한 것으로만 생각했었다.
방송을 하면서 막상 내가 꿈꿔왔던 모습과 현실이 달라 허무함을 느낄 때도 있었다. 반짝반짝 화려해 보이는 조명 뒤에 혼자 고민하고 갈등하던, 어두운 시간들이 있었다. 나는 맞는 길을 가고 있는 것일까? 고개를 갸우뚱한 순간들도 있었다. 많은 이들이 부러워하고 그토록 오고 싶어 하는 자리에 오기 위해 있는 힘껏 노력했지만 방송을 하며 공허함을 느낄 때도 있었고, 반복되는 것들에 지루해지기도 했다. 이따금씩 무언가 채워지지 않는 아쉬움을 느끼기도 했다. 그래서 이게 맞나, 내가 이 일을 계속하는 것이 맞을까 하는 물음표를 계속 던졌던 것 같다.

　'방송 잘하고 있는데 굳이 왜?'
　'쟤는 편하게 살아도 되는 데 왜 사서 고생하나, 굳이?'
　'선망의 직업을 걷어차고?'

　한 가지 모습으로만 살기에는 너무 아쉽다고 생각했다. 정돈되고 갖춰진 모습을 벗어나서 다시 한번 내가 가진 모든 힘을 쥐어짜 몰입하고 싶었다. 도전해보고 싶었다. 그리고 보여주고 싶었다. 흔히들 TV 속 화면을 통해 나오는 방송인을 떠올렸을 때 상상하는 이미지들, 가령 예쁜 옷을 입고 화장을 한 채, 또박또박 이야기를 하는, 호감 가는 이미지에 목소리가 좋은 그런 사람으로만 인식되기 싫었다.

우리의 인생은
날씨와도 같아서

나는 내 이야기를 좀 더 하고 싶었다. 방송인으로서의 역할 이외에도 할 줄 아는 게 많고, 내가 가진 능력들을 더 펼쳐 보이고 싶다는 약간의 오기 같은 것도 있었다. 완전히 다른 직업으로 도달하기 위해 했던 고민들부터 준비, 그리고 그 과정에서 끝없이 이어지는 고민과 걱정들을 걸러내기까지 참 힘들기도 했다. 하지만 아직 부딪쳐보지 않고, 경험해보지 않은 삶의 모습들을 만나보기로 마음먹었다. 막연하게나마 생각했던 일을 현실로 만들기 위해 고민했고, 준비했다. 나의 능력을 다 끄집어내어 펼쳐낸다는 생각으로 치열하게 준비했다. 그리고 결국, 이뤄냈다. 당연히 도전하는 과정에서 좌절도 많이 했다. 무섭고 두려웠다. 도전을 번복해 버릴까 하는 생각도 중간중간 들었고 '그냥 편하게 살아도 되는데 내가 뭐하고 있는 걸까' 하는 고민도 되었다.

불확실한 미래를 그리면서 사람들이 생각하고 걱정하는 그대로 내가 안주하게 될까 봐 무서웠다. 알게 모르게 내게도 심어진 편견들, 내 스스로 나에게 한계를 지어 놓은 편견을 깨부수는 과정들이 쉽지 않았다. 주위의 편견과도 맞서야 했고, 내가 선택한 결정과 옳다고 믿는 것들이 맞는지에 대한 두려움도 많았다. 많은 사람들이 가지고 있는 '굳이'의 편견과 맞서는 게 가장 어려웠다. 모두가 가는 길이 아닌, 내가 홀로 시작한 외로운 도전이 응원과 공감을 받기 위해서는 결국 결과로서 증명할 수밖에 없었다.

결혼한 여성이라는 편견, 방송을 오래 했던 사람이라는 선입견을 깨기 위해서 많은 사전 준비들이 필요했다. 결코 가벼운 마음으로 임할 수 없었다. 내가 가진 다양한 역량들을 어떻게 활용하고 보여줘야 할지도 많이 고민했다.

아직도 완전하지는 않지만, 일정 부분의 장벽을 깨뜨렸다고 생각한다. 더 큰 벽들을 앞으로도 깨야 할지 모르겠지만, 힘든 시간들을 겪어내고, 걱정과 고민에 맞서고 나니 무엇이든 또 할 수 있다는 자신감이 생겼다. 그 누구에게도 기댈 수 없었고 오로지 믿을 것은 나뿐이었다. 고민하는 것도, 결정하는 것도, 노력하는 것도, 힘든 시간에 맞서는 것도 나였다. 그래서 이 과정들을 통해 어떤 어려운 일이 생기더라도 결국에 헤쳐나갈 수 있을 거라는 스스로에 대한 믿음도 깊어졌다. 신기하게도 힘든 일이 생기거나 도전적인 과제에 부딪치면 그 순간에는 죽을 것처럼 힘들고 막막하다가도 그것을 이겨내고 나면 뿌듯함과 성취감에 힘들었던 것은 씻은 듯이 사라져 버린다. 기억도 잘 나지 않는다. 그게 아무리 귀찮고, 피곤하고 힘들지라도 도전을 계속해왔던 이유이자 앞으로도 멈출 수 없는 이유다. 이번 도전

우리의 인생은
날씨와도 같아서

을 통해서도 나 스스로에 대한 믿음이 한층 더 깊어졌다.

　　　마음을 먹고 도전하는 과정에서 때때로 어려움이 생겨도 경험하지 못한 새로운 의미를 찾을 것이다. 몰랐던 나의 무한한 잠재력을 느껴볼 수도 있다. 앞으로 나의 꿈이 또 어떻게 바뀔지 나도 모른다. 장래 희망 적는 칸이 늘 부족한 아이였던 나는 그때의 그 작은 네모칸이 넘치도록 꿈들을 하나하나 이뤄가는 중이다. 시간이 걸리더라도 앞으로도 계속 도전해보려고 한다. 생각난 김에 책상에 앉아 오늘 새롭게 꾸게 된 나의 꿈들을 또 적어봐야겠다.

잠시 나의 일이 뜻대로 풀리지 않았다고 낙심할 필요도, 술술 풀린다고 자만할 필요도 없다. 잘되지 않았어도 그 나름대로 새로운 길이 열린다. 오히려 더 잘될 수도 있다. 모든 것은 내가 그 방향을 새롭게 다시 그려나가면 된다. 잠시 쉬어가며, 더 나은 방향으로의 도약을 준비하면 된다. 다만, 이 과정에서 너무 오랜 시간 좌절하거나 낙담하면 그냥 그 진흙탕에 주저앉아 버리게 된다. 내가 하고자 하는 일이 무엇인지, 이루고자 하는 것이 무엇인지를 명확하게 알고 있다면, 그리고 그것들을 계속해서 스스로 되뇌면 충분히 해낼 수 있다.

인생의 모든 순간, 모든 것이 나의 뜻대로 된 것은 아니었지만 돌이켜보면 그 나름대로 괜찮았다. 방향이 틀어져도 그 안에서 새로운 의미를 찾았고 결국에 내가 노력한 것들은 허공에 사라지지 않았다. 과거의 경험들을 바탕으로 현재 문제의 해결책을 찾을 수 있었다. 지금의 어려움도 언제까지고 계속되리란 법은 없다. 나의 삶은 날씨 그 자체였고 나와 늘 함께해 주었던 9년의 날씨도 나의 삶이었다. 삶이 날씨인 것처럼 날씨도 삶과 똑같다.

우리의 인생은
날씨와도 같아서

도전하는 모든 것에
가능성을 열어라

　　살아가다 보면 미세먼지 가득한 잿빛 하늘처럼 앞날이 보이지 않고 막막할 때가 있다. 미세먼지는 더군다나 입자가 너무 작아 육안으로는 잘 보이지 않지만, 시간이 지나면서 눈과 목을 따끔하게 한다. 이대로 장시간 외부에 노출되면 위험하기까지 하다. 하물며 마음에 쌓인 미세먼지는 얼마나 우리에게 해로울까? 마음속 깊이 자리하고 있는 부정적인 생각들, 답답한 마음들을 어떻게 해야 말끔하게 제거할 수 있을지 도저히 모를 때가 있다.

일을 하다 풀리지 않을 때, 아무리 노력해도 잘 안 될 때, 내가 무엇을 해야 할지 전혀 모를 때, 도전하고 싶지만 주저하게 되고 실패는 반복되고 절망감은 커져 간다. 자신감이 없으니 가슴이 답답해져 온다. 마음 가득 미세먼지가 쌓인다. 잠을 자다가도 깨고, 심지어 잠도 잘 오질 않는다. 맛있는 것을 먹어도 흥이 나지 않는다. 주변 사람들은 각자 제 할 일을 찾아서 다 잘 해내고 있는 것 같은데 내 자신만 초라해 보인다. '도대체 내 삶의 봄은 언제 오는 것일까?' 수도 없이 되뇌며 자책한다.

　　　　나 역시 뭐든 쉽게 되지 않았다. 목표를 세우고 그것을 이루기 위해 두 배, 세 배 그 이상의 노력들을 했다. 보이는 곳에서든, 보이지 않는 곳에서든 늘 분주했다. 그래야 할 수 있었다. 항상 부단히 정말 많은 노력들이 필요했다. 아나운서의 꿈을 꾸기까지도 늘 확신만 있었던 것은 아니다. 보여지는 일이라는 것에 대한 많은 편견들, 걱정과 우려의 목소리들. 조언을 구하기도 힘들었다. 방송업계에는 아무런 연고도, 인맥도 없었다. 주변 친구들이나 지인들은 공부만 해온 네가 소위 기가 센 사람들이 많다는 정글 같은 방송국에서 살아남을 수 있냐며 불안해 했다. '이 길이 맞을까?'라는 조급함과 불안함도 해결하지 못하는데, 경쟁률은 또 터무니없이 높았다. 일단 합격하는 것부터 쉽지 않아 보였다. 워낙 경쟁이 치열하다 보니 합격하기까지의

우리의 인생은
날씨와도 같아서

과정도 험난했다. 주변을 둘러보며, '왜 저 사람은 쉽게 저 꿈을 이룬 것 같지?', '나만 빼고 왜 다들 무엇이든 쉽게 되는 것 같지?' 하며 어리고 너그럽지 못한 마음을 품기도 했다.

목표를 세우고 도전을 준비하면서 특히 더 그런 감정을 자주 느끼곤 했다. 다른 곳으로의 이직을 준비하면서, 그리고 내가 잘하고 있는 것인지에 대한 확신이 들지 않을 때, 현재 나의 상황에 불만이 있을 때면 마음의 미세먼지가 가득 쌓였다.

대부분의 사람들은 대체로 결과만을 가지고 판단하기 때문에 과정에 대해서는 크게 관심이 없다. 준비하는 과정 속에 느꼈던 노력들과 불안함, 두려움 그리고 고민들은 결과만큼 큰 관심을 받지 못하고 쉽게 잊히기도 한다. 도전하는 과정에서 목표한 하나하나를 이루기 위해 많은 것을 포기해가며 쌓아왔다. 답답하고 속상했던 것을 어디 풀 곳도 없었고 커리어에 대한 욕심도 많다 보니, 매번 쉽지 않았고 어려웠다. 특히 선례가 없었기 때문에 물어볼 사람도, 공감해줄 사람도 없었다. 그동안 힘들게 쌓아왔던 경력들을 한순간에 버려야만 하는 느낌도 들었다. 모든 것이 처음부터 리셋이 되는 것만 같았다. 경험해보지 않았던 낯선 곳에서 내가 버티고 잘 적응할 수 있을지 그리고 그곳에서 후회하지 않을지에 대해서도 걱정이 많았다. 준비를 하면서도 불안감과 초조함을 완전히 떨쳐버릴 수는 없었다.

　　중간중간 포기하고 싶은 순간도 있었지만 그럴 수 없었다. 불평할 수도 없었다. 내가 하고 싶었던 일이고 나의 선택이었기 때문이다. 누가 시켜서 한 것도 아니었고, 오롯이 내가 선택하고 도전했기 때문이다. 사람들이 도전을 하거나, 진로를 결정할 때 성공 가능성, 사회적 지위, 평판을 비롯해 고려하는 여러 가지 요소들이 있다. 나는 다른 것들보다 가장 우선순위로 둔 것이 내가 얼마나 좋아하고 잘할 수 있는 일인지였다. 가장 좋아하고 잘할 수 있는 일이라면 자연스럽게 일에 더 몰입할 수 있고, 그 외에 부수적인 것들, 이를테면 성공의 가능성이나 돈은 자연스럽게 따라올 것이라고 생각했다. 내가 좋아하는 일이라는 것, 그래서 너무 이루고 싶은 꿈이라는 점이 나를 버티게 해준 원동력이 되었다. 그래서 꿈을 이룬 나의 모습을 상상하면서 힘들 때마다 버텨냈다. 도전하고 성취하고 내가 그 일을 직접 실행할 때 후회가 없었다. 만약 내가 하고 싶어서 한 일이 아닌 다른 요소들을 우선적으로 생각했다면 조금의 미련이 생겼을 수도 있었을 것이다.

　　처음 MBN에서 SBS 공채 기상캐스터 시험에 합격하고

우리의 인생은
날씨와도 같아서

난 직후에는 너무 기쁘고 행복했다. 온통 꽃길만 있을 것 같았고, 앞으로 나의 삶은 내내 화창할 것만 같았다. 그토록 원했던 지상파였고, 힘들게 여러 관문을 통과해 합격의 기쁨을 맛봤기 때문에 응당 그래야 한다고 생각했다. 과연 SBS 합격 이후의 나의 삶은 맑기만 했을까?

입사 후 처음 맡은 프로그램은 새벽 5시 뉴스였다. 새벽 6시 뉴스도 아니고, 새벽 5시라니. 매일 아침을 새벽 2시 30분에 일어나야 했다. MBN에서는 저녁 메인 뉴스를 맡았었지만, 이직하고 나서는 새벽 뉴스를 맡은 것이다. SBS에 합격한 기쁨은 컸지만 처음부터 마냥 쉽지 않았다. 결국에 또 감수해야 할 것들이 생긴 것이다. 한계에 다다르고 몸이 지쳐갈 무렵, 기적처럼 새벽 5시 뉴스가 폐지되었고 이후로는 실력을 더 인정받아 아침 출근길 뉴스를 오랜 시간 진행했다. 많은 사람들이 도전을 꿈꾸지만 망설이고 안주하는 이유가 바로 그런 것 아닐까? 굳이 지금 상황이 크게 나쁘지 않고 도전을 한다고 해도 그것을 이룰 수 있다는 보장이 없기 때문이다.

단순히 아이스크림을 선택하는 문제도 아니고 도전을 하기 위해서는 에너지도 많이 소모된다. 더욱이 도전 이후의 삶이 어떻게 펼쳐질지 모르기 때문에 두려운 것은 당연하다. 나 역시 그랬다. 하지만 도전 이후의 상황이 어떻게 펼쳐질지는 그때 가서 다시 걱정해도 늦지 않다. 현재 상태에 안주하고 머물렀다면 더 큰 꿈을 꾸지 못했을 것 같다. 그 상태 그대로도 나름의 의미를 찾을 수 있었을 테고, 큰 우여곡절 없이 무난한 시간들이 지났을 것이다. 하지만 내가 이렇게 도전할 용기가 있다는 것, 좋은 일 뒤에는 또 감수해야 할 것들이 생긴다는 것, 그래서 늘 겸손해야 한다는 것, 도전 뒤에 또 다른 세상이 있다는 것을 배울 수 있었다.

SBS 입사 후 더 다양한 방송을 해보면서 방송 영역을 확장할 수 있었다. 더 많은 기회들이 찾아왔고 반짝반짝 빛나는 순간들도 있었다. 하지만 마냥 기쁘고 좋은 일만 있던 것은 아니었다. 버거운 스케줄과 기대와는 달랐던 현실들에 힘든 날도 많았다. 그때마다 '날씨도 삶과 같은 것이고 삶이 곧 날씨이니까, 괜찮다'고 버텼다.

그래서 일희일비하지 않기로 했다. 어차피 지금 행복과 성취감이 언제까지고 보장되리라는 법도 없고, 슬프고 절망적인 상황도 그때뿐이다. 모든 일이 매번 틀에 맞춘 듯이 딱딱 돌아갈 수는 없으며 불행하다고 생각했던 일이 오히려 좋은 일일 수도 있고, 꿈을 이뤘다고 해서 끝이 나는 것도 아니다. 마른 하

우리의 인생은
날씨와도 같아서

늘에도 갑자기 비가 쏟아질 수 있다는 것을 잊지 않기로 했다. 비가 와도 괜찮은 이유는 언젠가 비는 그치기 때문이다. 그래서 도전을 멈출 수 없었다. 나에게 좋든, 나쁘든 어떤 일이 또 생길지는 아무도 모른다. 그래서 매 순간 언제 어떻게 나에게 찾아올지 모르는 기회를 위해 계속 무언가를 해야만 했다.

올라운드 플레이어All-round player가 되는 일은 생각보다 어렵지 않다. 어떻게 도전으로 향하는 발을 뗄 수 있을지, 어디서부터 시작해야 할지 막막하다면 내가 지금까지 걸어온 길을 살펴보는 것부터 시작하면 된다. 돌이켜보면 나의 무수한 고민들과 마음속에 간직했던 꿈들이 이어져 현재에 다다랐다는 생각이 든다. 그냥 별 생각 없이 여행하며 떠올랐던 꿈, 나와는 상관없는 일이라고 생각했지만 꼭 한 번 해보고 싶었던 일, 누군가의 모습을 보고 막연히 그려 보았던 꿈들을 잊지 않고 마음속에 간직해두고 가끔씩 꺼내 생각했었다. 이러한 여러 생각과 꿈의 고리들은 마치 날씨 예보에서 기다란 장마전선을 생각나게한다. 연관이 없다고 생각했던 일, '내가 과연 할 수 있을까?'라고 막연하게 생각했던 꿈들은 결국 처음보다는 조금씩 앞으로 나아가 어느 순간 현실에 다다르기도 한다. 방송 활동을 했을 때와 지금 기업에서 하고 있는 업무는 전혀 다르다. 하지만 분명 비슷한 부분이 있으며, 방송을 했던 경험들이 현재의 회사 업무에도 많은 도움이 되고 있다. 또한 내가 가진 특기 중 하나였지만 방송을 하면서는 정작 활용할 수 없었던 외국어 능력도 이곳에서 쓰고 있다.

각자의 삶에는 여러 갈래의 길이 존재한다. 살아가면서 길이 다양하게 펼쳐지기도 하고, 하나의 길이 더 깊고 넓어지기도 한다. 단단하다고 생각했던 길이 어느 순간 사라지기도 한다. 길은 하나가 아니다. 계속해서 샛길이 생기기 때문에 갈림길에 서 있을 때 꼭 가장 넓어 보이는 길을 가지 않아도 된다. 이 길밖에 없을 것 같아도 걷다 보니 되돌아갈 수도 있고, 더 좋은 길이 있을 수도 있으니 마음을 좀 편하게 가지고 도전해도 된다.

대학에서 전공을 선택할 때도 많은 선택지가 있었지만 영어를 좋아했던 나의 중고등학교 시절을 떠올리며 배워보고 싶은 다른 외국어를 선택했다. 영어만 잘하는 사람은 많으니까 또 다른 외국어를 배워두면 분명 나의 큰 무기가 될 것이라고 생각했다. 그게 불어불문학이었다. 그 덕분에 나에게 프랑스는 마음의 안식처와 같은 제2의 고향이 되었고, 인생에서 다시 오지 않을 1년이라는 시간 동안 프랑스어를 공부할 수 있었다.

영문학이나 경영학과가 아니라 남들이 잘 가지 않는, 내가 정말 배워보고 싶고 좋아하는 특별한 전공을 선택함으로써 이를 활용할 수 있었고 스스로를 브랜딩할 수 있었다. 덕분에 프랑스와 관련된 여러 풍부한 경험들을 할 수 있었다. 이를테면 없는 자리를 내가 스스로 만들어 지원해 주한프랑스문화원 홍보팀에서 인턴 경험을 쌓았다. 방송국 공채 시험에서도 모두가 한국어 뉴스를 읽을 때 프랑스어로 뉴스를 바꿔 읽는 지원자로 눈에 띌 수 있었다. 심지어 파리에는 둘도 없는 소중한 나의 친구가 있다. 그리고 겁 많은 나에게 프랑스는 마음만 먹으면 짐을 싸서 혼자 훌쩍 떠날 수 있는 곳이 되었다. 지금 당장은 직접적으로 프랑스어를 쓸 일이 많지 않지만, 내가 일하고 있는 기업에서 프랑스어가 필요해질 수도 있고, 훗날 내가 프랑스어를 활용한 일을 하게 될 수도 있다.

인생에서 마주하는 다양한 선택의 갈림길에서 망설여질 때가 있다. 확신이 들지 않는다면 가장 우선적으로는 내가 진정으로 좋아하고 재밌어 하는 것을 선택하면 된다. 그리고 선택 후에 너무 자책하거나 염려할 필요는 없다. 혹여 그 선택이 생각했던 것보다 마음에 들지 않더라도 끝이라고 생각하지 않으면 된다. 어떤 선택이든 본인에게 도움이 될 것이며 선택하지 않은 나머지 선택지들도 분명 나중에 어떻게 관련이 있을지 모른다. 그래서 항상 많은 것에 가능성을 열어두는 것이 좋다. 사람에 따라서 각자의 도전의 길에서 맞닥뜨리는 다양한 경험의 종류도 다를 것이다. 그때 마주하고 스친 많은 것들을 나만의 것으로 잘 만들고, 축적해 두어야 한다. 그러면 어느 순간 나도 모르게 나 자신의 것이 되어 있을 것이고 그것들이 쌓이고 쌓여 적절한 순간에 딱 꺼내어 쓸 수 있는 무기가 돼 있을 것이다.

개그우먼 김민경이 연일 화제다. 처음에는 먹성이 좋은 줄로만 알았는데, 재주가 참 많다. 갑자기 운동을 해서 몸을 건강하게 만들더니, 국가대표로 사격 대회까지 출전했다. 결과를 떠나 정말 대단하다. 그녀는 본인이 사격 선수가 될 줄, 운동을 해서 PT에 소질이 있었다는 것을 미리 알았던 걸까? 살다 보면 갑작스럽게 나의 재능을 발견할 수도 있고, 전혀 몰랐던 능력을 키워나갈 수 있다. 만약 그녀가 도전에 겁을 내고 중간에 포기했거나, 처음부터 개그우먼이 뭘 이런 걸 하냐며 기회를 거절했다면 본인의 또 다른 재능을 지나쳐버릴 수도 있다. 스포츠 전문가들 입장에서도 훌륭한 인재를 미처 알아보지 못하고 놓쳐버릴 수도 있었다. 하지만 그녀는 본인에게 찾아온 기회를 잡았고, 노력했고 결국 본인의 것으로 만들었다. 가능성을 열어두었고 도전했고 그래서 해낼 수 있었다. 살면서 그녀에게뿐만 아니라 우리에게도 종종 예기치 못한 기회와 선택의 순간이 온다. 그 순간의 선택에서 두려워하고 주저하기보다는 일단 가능성을 열어두자. 지금 해오던 일과 전혀 다를지라도, 처음에는 조금 부족하고 서툴지라도 도전하는 모든 것에 가능성을 열어두어야 한다. 그래야 부딪쳐보고, 시도해보고, 이룰 수 있다.

새로운 것을 도전하는 것에 대한 두려움은 누구에게나 있다. 지금 하는 것도 잘하지 못하는데, 섣불리 도전해도 될지 걱정이고, 괜히 도전했다가 실패하면 어쩌지 하는 불안함도 있다. 당장 지금 하고 있는 일을 다 놓아버리고 무조건 도전하는 것이 아니라, 가능성을 열어두는 것이 중요하다. 영화에서도 열린 결말은 관객들로 하여금 더 많은 상상력과 내용에 대한 무한한 확장을 가능하게 하지 않는가? 살아가다 보면 내 의지대로 되지 않는 일이 더 많고, 모든 일이 내 계획대로만 착착 진행되지 않을 때가 많다. 그래서 많은 가능성을 열어두는 것이, 예상치 못한 어려움에 대처할 수 있는 해결책이 될 수도 있고 생각지도 않은 기회를 잡을 수 있는 물꼬가 되기도 한다.

프랑스를 처음 가기로 마음먹은 것은 고등학교 때였다.

20대가 되면 무엇이든 할 수 있을 것만 같았고, 더 넓은 세상으로 나가 보고 싶었다. 기회가 된다면 실제 그 나라에 가서 살아보고 공부도 해보고 싶었다. 그래서 외국어를 전공하기로 마음먹었다. 영어만 잘하는 사람은 많으니까 영어 이외에 다른 외국어를 전공한다면 내가 할 수 있는 길이 더 넓게 펼쳐질 것 같았다. 대학교 2학년이 되던 해에 어학연수를 준비했다. 그 당시 아무 정보도 없어, 혼자 여러 유학원을 찾아갔다. 10년 전만 하더라도 프랑스 유학은 다른 서구 유학만큼 대중적이지 않아서 서울에서 2~3군데 정도밖에 없었다. 미국이나 뉴질랜드, 영국의 경우 영어권 국가이기 때문에 일반 중고등학생을 위한 유학원이 굉장히 다양하게 퍼져 있었지만, 프랑스는 미술, 건축, 요리 등 희소하고 예술적인 분야로의 유학이 많았다. 나이도 꼭 어린 학생들을 위한 것이 아니라 나이와 성별에 상관없이 유학을 선택하는 스펙트럼이 굉장히 다양하고 넓었다.

　그래서 물어볼 곳이 많지 않았지만, 하나하나 직접 알아보고 찾아가서 정보를 수집한 다음에 나에게 가장 잘 어울리는 도시를 골랐다. 한국인이 최대한 적은 프랑스의 작은 시골마을, 그르노블Grenoble로 가게 됐다. 아는 사람 한 명도 없었고, 일요일에는 버스도 잘 다니지 않을 정도로 작은 시골마을이었다. 나는 그곳으로 프랑스어라고는 대학교 1년 동안 배운 간단한 단어가 전부인 상태로 도착했다. 그리고 낯선 그곳에서 살아남기 위해 무작정 부딪쳤다. 최대한 프랑스어를 빨리 익히기 위해 수업 이외에도 밤낮으로 자막 없이 프랑스 영화를 챙겨 봤고, 일부러 프랑스어를 써보고 싶어서 시도 때도 없이 마트에 갔다. 한국어를 안 쓰려고 외국 친구들과 어울리며 프랑스어로만 대화하려 노력했다.

그때의 나는 여전히 하고 싶은 게 많은 소녀였다. 그리고 세상은 넓었다. 그래서 다시는 오지 않을 인생의 순간을 후회 없이 마음껏 누려보기로 했다. 그렇게 프랑스어 한 마디도 할 줄 몰라 온갖 인종차별을 당한 동양인 소녀는 1년 만에 프랑스어를 마스터하게 된다. 그 혹독한 시간들을 통해 나는 또 한 번 마음먹으면 무엇이든 할 수 있다는 자신감을 얻게 된다. 프랑스에서 보낸 1년의 시간은 때로 내가 너무 작은 문제들에 연연해하며 힘들어할 때 더 큰 꿈과 용기를 가지게 해주는 추억이 되었다.

　　도전하는 모든 것들에 가능성을 열어두는 것은 언젠가는 나에게 생각지도 못한 선물을 가져다줄 것이다. 전혀 생각하지 않았던 기회가 찾아오기도 하고, 다른 도전을 통해 그 기회를 얻게 되면 좀 더 가뿐하게 이직이나 퇴사를 해서 자기의 일을 할 수 있게 된다. 갑작스럽게 준비하려고 하면 무엇부터 해야 할지 몰라서 당황스러울 것이고 시간이 부족할 수도 있다. 가능성을 열어두고 새로운 것들에 두려워하지 않고 도전하다 보면 다음 단계로의 발전이 조금은 더 수월해질 수 있다. 그 과정에서 만난 사람들 혹은 여러 일들이 뫼비우스의 띠처럼 연결되어 지금의 내가 이루고 싶은 꿈에 더 가깝게 다가갈 수 있는 실마리가 될 수 있다.

방송을 하면서도 이곳이 끝이 아니라고 생각했기 때문에 계속해서 도전했다. 대학원 공부도, 학생들을 가르치는 것도, 재능 기부 강의도, 유튜브도 그 일환이다. '이게 언젠가 도움이 되겠지' 하는 생각으로 시작하면 그것마저도 또 부담이 되고 일로 느껴질 수도 있다. 지금 하고 있는 이 일이, 혹은 새롭게 관심을 가지게 된 분야가 도움이 될 수도 있고 안 될 수도 있지만 '내 일이 이런 부분과 연관이 있구나', '이런 것도 재미있겠다, 한번 해볼까?' 하는 마음이었던 것 같다. 그래서 처음 재능 기부 강의 제안을 받았을 때 언젠가 막연하게 강의를 해보고 싶다는 생각이 있었기 때문에 시작하게 되었다. 막상 시작을 해보니 내가 가진 노하우를 누군가와 나누는 게 행복했고, 내가 다른 사람에게 도움이 된다는 것이 좋았다. 강의를 하면서 변화하는 학생들을 지켜보는 것도 뿌듯했다. 일회성으로 끝날 수도 있었지만 6년 동안 주기적으로 꾸준히 강의를 열었고, 운이 좋게도 강의가 입소문을 타면서 나름 유명해지게 되었다. 덕분에 여러 기관이나 학교 곳곳에서 강의 제안을 받았다. 할까 말까 망설여질 땐 일단 시작했고, 이왕 할 거면 열심히 했다. 그 가능성을 열어뒀기 때문에 누군가를 가르치고, 강의를 운영하고, 기획하는 데에 내가 흥미와 소질이 있다는 것도 알게 되었다.

방송할 때와는 또 다른 재미를 느꼈던 것 같다. 방송은 내가 전하는 말을 시청자들이 어떻게 받아들이고, 느끼는지에 대한 피드백이 바로바로 오지 않아 답답한 면이 있었는데, 학생들을 가르치고 강의를 하는 것은 눈앞에서 직접 소통하고 피드백을 주고받을 수 있으니 매력적으로 다가왔다. 대학원을 가기로 결심했던 이유도, 내 스스로가 아는 것이 더 많아야 더 많이 가르쳐줄 수 있다고 생각했기 때문이다. 그래서 지금 내가 알고 있는 노하우나 지식 수준보다 좀 더 깊이, 넓게 알고 싶었다. 스스로 부끄럽지 않게 누군가를 가르칠 수 있는 자격을 더 갖추고 싶었다. 그래서 나는 대학원에 도전하게 됐다.

인생에 있어서 사람마다 추구하는 여러 중요한 가치가

있겠지만, 나는 누군가에게 도움이 되는 사람이라고 느끼는 것
이 내 삶의 큰 기쁨 중 하나다. 특히 강의를 본격적으로 하게 되
면서 이런 가치가 삶 속에서 그 어떤 것보다 굉장히 큰 부분을
차지한다는 것을 알았다. 방송 활동을 하는 동안에는, 내가 누
군가에게 꼭 필요한 정보를 전달한다는 것에 큰 보람을 느꼈다.
멀리 배를 타고 고기잡이를 하러 나가는 어부들에게 오늘 아침
나의 날씨가 도움이 되고, 운전하며 출근하는 사람들에게 안개
때문에 운전 조심하라는 멘트를 전하고, 학생들이나 직장인들
이 나의 예보를 보고 우산을 챙겨서 비를 맞지 않는다는 것만으
로 기분이 좋았다. 방송 업무 이외에도 학생들을 가르치거나 강
의를 하면서 나로 인해 그 사람이 성장하는 모습을 보는 것이
좋았다. 타인이 행복한 것을 지켜보고, 성장하는 모습에서 내가
더 큰 행복감과 기쁨을 느꼈다. 이러한 성향을 바탕으로 타인을
돕고 시간과 에너지를 쏟을 수 있는 일들을 정리해볼 수 있었다.

　　이렇게 내가 해온 일과 경험을 통해서 알게 된 나의 성
향 덕분에 이직을 준비하면서도 도움이 되었다. 기업의 많은 직
무들과 부서들 중 어디로 지원을 하고 어디서 일을 해야 할지
처음에 고민을 많이 했지만, 기업에 가서 내가 잘할 수 있는 일
이 무엇일까 생각해 보니 나는 결국 사람을 좋아했다. 사람을

통해 기쁨을 얻고, 여러 사람과 함께 일을 하는 것, 혼자 일을 하는 것이 아닌 다른 사람과의 협업을 통해 더 성장할 수 있는 사람이었다. 그래서 사람을 상대하는 인사 – 'HR human resources' 직무가 나와 잘 맞을 거라 생각했고, 이직 과정에서도 계속 인사 쪽으로 방향을 잡고 준비했다.

가능성을 열어뒀을 때와 그러지 않았을 때의 차이는 엄청나다. 내가 A를 목표로 달려간다고 하면, 그 과정에서 연쇄적으로 발생하는 모든 것들에 늘 최선을 다하고 기회를 놓치면 안 된다. 이렇게 하다 보면 A가 목표였지만 A를 얻지 못하게 되더라도 B를 얻을 수 있고, A와 B를 동시에 얻는 행운이 생길 수도 있다. 생각지도 않았던 C가 생길 수도 있다. 그래서 나는 매사에 긍정적으로 생각하는 마음가짐뿐만 아니라 새로운 도전을 환영하려고 노력한다. 나에게 생기는 여러 일들을 기쁜 마음으로 맞이한다. 새로운 일이 들어오거나 제안이 오면 걱정보다 설렘이 먼저였다. 새로운 무언가는 늘 도전적인 희망을 나에게 주었다. 그러니 모든 것에 가능성을 열어두어야 할 필요가 있다.

내가 잘하는 것부터 준비한다

특출나게 잘하는 한 개보다 고루고루 관심을 두고 잘하는 열 개를 무기로 가지고 있는 것이 낫다. 물론 특출나게 잘하는 한 가지가 명확하게 있다면 그것을 파고들어도 괜찮지만, 대부분의 사람들은 내가 뭘 좋아하는지, 뭘 잘하는지 갈팡질팡하며 고민하는 경우가 많다. 고민할 필요가 없다는 이야기를 해주고 싶은 것이다. 남들이 다 하는 것을 좇거나 유행에 휩쓸리는 것은 오래가지 않는다. 이왕이면 내가 좋아하고, 잘하는 것들이면 더 즐겁게 그리고 좀 더 길게 유지할 수 있다. 그리고 이것들을 즐기며 계속하다 보면 언제, 어느 때에 생각지도 못한 기회가 찾아올지 모른다. 내가 무슨 일을 좋아하는지 특별히 관심도 없고, 구체적으로 인지하지 못한 채 크게 신경 쓰지 않고 살아갈 수 있지만, 나에 대한 깊은 관심은 내 하루를 확장시키고 장기적으로 내 삶을 풍요롭게 해줄 것이다. 이제부터라도 시간을 들여 고민을 해보고, 뭘 해야 재미있는지 생각해 보자. 그렇게 흥미와 재미를 느끼는 것들을 꾸준히 이어 나가다 보면 그중에서 나에게 가장 잘 맞는 일을 발견하기가 훨씬 더 수월해진다.

흥미, 재미, 의미의 삼박자가 맞는 일들은 금방 질리지 않는다. 더 깊이 나의 재능과 관심 분야를 찾아 발전시켜 나갈 수 있다. 이직을 준비한다는 이유로 갑자기 흥미, 재미, 의미를 찾으려면 스스로에 대해 잘 모를 수도 있고, 충동적으로 선택하게 될 수도 있다. 그러므로 평소에 내가 무엇을 좋아하고, 잘하는지에 대해 명확히 인지하고 활용하는 것이 좋다. 그 후에는 다양한 일을 해보면서 기회가 왔을 때 바로 잡을 수 있다.

많은 사람들이 좋아하는 연예인의 취미와 성격, 장점 등에 대해서는 빠삭하게 알고 있으면서도 정작 내가 무엇을 좋아하는지, 어떤 것에 흥미가 있는지조차 모르는 경우가 많다. 나에 대한 기본적인 파악과 관심들이 더 의욕적으로 도전할 수 있는 힘을 만들어줄 뿐만 아니라 미래의 더 많은 기회를 만들어줄 탄탄한 무기가 되어줄 것이다. 음식을 선택할 때, 여행을 계획할 때, 친구들과 여럿이 있는 자리에서 스스로 어떻게 행동하며 어떤 일을 시작할 때, 어려움이 생겼을 때 어떤 식으로 극복하고 기지를 발휘하는지, 또 반대의 경우 무엇을 잘했고, 좋아하는지를 종이에 적어보면서 나를 파악해보자. 나는 아주 사소한 것부터 찾으려고 노력했다. 순간 암기력이 좋은 것, 해야 할 일의 목록을 매일 적는 습관들, 다른 사람을 도와줬을 때의 만족감이 어느 때보다 큰 것. 이런 식으로 남들보다 아주 조금 더 특별한 나의 특징들을 적어보면서 관심사를 확장해 나가면 된다.

인연을 허투루 보내면 안 된다

살면서 만나는 아주 작은 인연들도 허투루 생각하지 않았고 늘 소중히 대하려고 했다. 내가 베푼 아주 작은 호의가 나도 모르게 언제 어떻게 되돌아올지 모른다. 사람의 인연이라는 것은 결국 돌고 돌아 닿게 되어 있다. 모든 사람에게 특정한 의도를 가지고 접근하는 것이 아니라, 다양한 분야의 사람들을 만나는 데에 거리낌 없이 열린 마음으로 만나야 한다는 것이다. 살아가면서 어떤 일과 어떤 목적으로 언제 어디서 다시 만날지 모른다. 실제로 다시 만날 것이라고 생각하지 않았던 사람과도 일 때문에 도움이 필요해서 연락을 해야 하는 경우도 있고, 다시는 마주치지 않고 싶었던 사람인데 또 비슷한 일로 엮이는 상황도 언제든지 생길 수 있다. 또 살아가다 보면 나와는 전혀 상관없다고 생각했고, 그냥 스치듯 지나갔던 일에 다시 관심이 생길 수도 있다. 반대로 내가 하고 있는 일에 전혀 생각지도 못한 사람이 도움을 줄 수 있다.

편견을 가지지 말고 많은 사람들을 만나고 관계의 여러 가능성을 열어두자. 많은 사람들과의 교류가 필수적인 것은 아니지만 적어도 나와 조금이라도 연관이 있었던 사람들과의 만

우리의 인생은
날씨와도 같아서

남은 소중히 여기는 자세는 훗날 나에게 도움이 될 수 있다. 그렇기 때문에 전화번호나 연락처도 잘 간직하는 것이 좋고, 굳이 안 좋은 인상을 준다거나 적을 만드는 것도 피해야 한다. 또한 가능하다면 누군가가 내 도움을 필요로 할 때 나에게 피해가 가지 않는다면, 도와주는 것이 좋다. 따뜻한 마음은 돌고 돌아서 내가 누군가를 필요로 할 때 또 다른 누군가에게 도움받기가 더 수월해진다. 인생은 의외로 공평한 면이 있어서 내가 베풀면 반드시 되돌아오게 된다. 그래서 작은 인연도 늘 소중히 하려고 한다. 실제로 대학생 때 맺은 인연이 이어져 사회생활에서도 여러 번 크고 작은 도움을 주고받기도 했고, 방송국을 떠나 왔지만 여전히 방송국 선배의 도움이 필요할 때가 있고, 나 역시 그들에게 도움을 줄 일이 아직 남아 있다는 것이 다행이라고 느껴질 때도 있다.

나를 수시로 점검한다

내가 아무리 좋아하는 것도 계속 관심을 두지 않으면 잊어버리게 된다. 나는 외국어를 굉장히 좋아했지만 아쉽게도 실제 방송에서나 내가 하는 일들에서 외국어를 쓸 일이 거의 없었다. 아무리 영어를 오랜 시간 공부했고, 프랑스에 다녀왔어도 자주 쓰지 않다 보니 입이 굳어버리는 건 당연했다. 그래서 외국어를 잊어버리지 않기 위해 수시로 자막 없이 영화를 찾아보고, 생각날 때마다 혼자 한국어를 바꿔 말하거나, 중얼거리는 습관을 가지게 되었다. 책을 보더라도, TV에 나오는 문장들도 혼자 영어 혹은 프랑스어로 바꾸는 연습도 수시로 했다. 꼭 언어뿐만이 아니라 내가 하고 있는 일, 좋아하는 일도 수시로 점검하고 자주 쓰고 활용하는 습관을 가지도록 하자. 그래야 내가 나중에 그 일을 시작하더라도 너무 뒤처지지 않게 바로 따라잡을 수 있으며, 필요할 때에 내가 가진 능력을 충분히 발휘할 수 있다.

내가 할 줄 아는 것을 꾸준히 연습하고 잊지 않도록 점검해야 하는 필요성을 뼈저리게 느꼈던 적이 있다. 2016년 초반에 알파고와 이세돌 9단과의 바둑 대결이 한창 뜨거웠을 때다. 인공지능과 인간의 대결로 온 나라가 들썩거렸는데, 그때 방송국 내부에서 바둑의 규칙을 잘 아는 방송 진행자를 급히 찾았던 적이 있었다. 방송 시작한 지 얼마 안 되었을 때라, 하나라도 더 방송을 하고 싶었는데, 그 기회를 놓치고 말았다. 오목은 어른이 되어서도 재미 삼아 종종 하다 보니 규칙을 잊어버리지 않았는데, 바둑은 어릴 적 아빠가 알려주신 후 한 번도 한 적이 없어 기억나지 않았다. 바둑을 배웠지만, 제대로 활용하지 못했다. 이런 경우는 안 배운 것만 못하다. 너무 아쉬웠지만 그 후로 또 기회가 찾아왔을 때 잡을 수 있도록 수시로 내가 할 수 있는 것들을 찾고, 다듬고, 연습해야 한다는 것을 깨닫게 해준 좋은 경험이었다.

인사팀 경력직 공채 시험에서 합격 통보를 받고, 방송국에서 한 달간 더 방송을 했다. 그리고 마지막 방송을 마친 뒤 딱 5일을 쉬고 바로 기업에 왔다. 기업에 온 지도 이제 1년이 되어 간다. 많은 장애물과 걱정을 뛰어넘고 보니 내 앞에는 전혀 다른 새로운 길이 열려 있었다. 걱정들은 기우였다. 내가 노력해 온 것들과 경험들은 어딘가로 증발해버린 것이 아니다. 벌써 오늘 또 레벨업 된 경험치는 나의 도전 여정에 동행하고 있다. 지금까지 차곡차곡 쌓아온 나의 경험과 경력들이 있었기 때문에 이직에 성공할 수 있었다. 그리고 그 경험들 덕분에 시야가 넓어졌으며 새로운 도전의 기회가 찾아올 수 있었다. 방송을 하면서도 평생 이 일을 할 것이라고 생각하진 않았다. 방송을 처음 시작했을 때에도 이 경험을 발판 삼아 더 새로운 것을 해보고 싶었다. 아무것도 하지 않았다면, 도전하는 모든 것들에 가능성을 열어두지 않았다면 불가능했을 것이다. 언제, 어디서 나에게 꼭 맞는 옷을 입게 될지 아무도 모른다. 그래서 많은 것들을 도전해보고 경험하면서 끊임없이 찾아가고 또 발견해내는 것이 중요하다. 아직 내가 발견하지 못한, 혹은 숨어 있는 나의 무한한 가능성들이 어디에 숨어 있을지 아무도 모르는 법이다.

우리의 인생은
날씨와도 같아서

쓰고, 말하고,
읽는 대로 이루어진다

많은 사람들이 가장 좋아하는 계절은 언제일까? 여러 통계를 찾아봐도 대체로 응답은 비슷하게 나온다. 적당한 습도에 적당한 온도, 크게 춥거나 덥지 않은 계절, 바로 봄과 가을이 아닐까 싶다. 봄과 가을의 1, 2위 순위만 해마다 엎치락뒤치락할 뿐 두 계절이 압도적이다. 기상캐스터로 일할 때 여름철 날씨를 전하던 6월부터 8월까지 그리고 겨울철 날씨를 전하던 11월부터 1월까지는 사실 마음 편히 휴가도 못 갔다. 워낙 계절적 특성상 변수도 많고, 폭염에 폭우, 한파로 눈코 뜰 새 없이 바쁘기 때문이다. 그야말로 여름과 가을은 날씨 대목이다. 이 시기에 아마 날씨를 다루는 직업을 가지는 사람들은 모두 마음 편히 잠도 잘 못 잘 것이다. 반면, 봄이나 가을은 비록 때때로 미세먼지나 태풍의 영향이 있긴 하지만 그것만 아니라면 한낮에 볕이 그렇게 좋을 수 없다.

　　과학적으로 날씨와 행복지수는 상관관계가 없다고 할지라도 날씨가 좋으면 기분이 좋아지는 건 당연하다. 적당히 따사로운 날씨에는, 낮 동안 야외 활동 즐기기에도 안성맞춤이다. 그런데 야속하게도 봄이나 가을은 참 짧다. 그래서 누가 그랬던가? 인생은 봄처럼 짧다고. 평균 수명의 연장으로 이제 100세까지 사는 건 그리 놀라울 일도 아니니 결코 짧지만은 않지만, 그렇다고 방심하다간 소중한 순간들을 그냥 흘려보내 버리고 말 것이다. 우리가 그토록 짧게 지나가는 봄과 가을을 하루하루 소중하게 보내야 하는 것처럼 말이다. 아무것도 하지 않고 집에만 있다가는 봄, 가을을 제대로 만끽하지도 못하고 갑자기 겨울이 올 수도, 갑자기 여름이 올 수도 있다. 그래서 우리는 지금 이 순간, 낭비할 수 없는 하루하루를 알차게 사용해야 한다. 그러려면 내가 꼭 이루고 싶은 목표를 잡고 많이 기록해두고, 소리 내어 말하고, 많이 읽어야 한다. 그 하루하루가 모여 따스한 봄이 되고, 풍요로운 가을을 더 오래도록 누릴 수 있다.

우리의 인생은
날씨와도 같아서

쓰고, 말하고 읽는 것, 이 세 가지를 꾸준히 하는 것이 중요한 이유는 스스로에 대한 믿음을 키워주는 훈련이자 매일매일의 습관을 통해 자신감을 키울 수 있는 방법이기 때문이다. 아무리 기억력이 좋고, 책임감이 강한 사람이라고 할지라도 기록하고, 말하고 읽지 않으면 아무 소용이 없다. 쓰고, 말하고, 많이 읽는 것의 바탕은 기본적으로 나에 대한 믿음과 긍정적인 생각에서 나온다. 많은 시행착오와 경험을 통해 배운 것은 바로 마음가짐의 중요성이다. 많은 사람들이 그 중요성을 알고 있지만 정작 가장 컨트롤하기 어려운 것이 마음가짐이기도 하다. 나 자신을 믿지 않고 위축되면 실제로 나의 모습은 다른 이들에게도 그렇게 비춰지고 될 일도 더 안 풀린다.

반면, 내 자신을 스스로가 믿어준다면 나는 무한한 가능성을 지닌 존재가 된다. 스스로에 대한 믿음은 불가능해 보이는 일도 가능하게 만들 수 있도록 힘을 보태주는 가장 강력한 지원군이다. 내가 나를 믿지 못하는데 어떻게 다른 면접관이 나를 뽑아줄까? 내가 나 스스로에 대한 자신감이 없는데 어떻게 다른 사람에게 나의 매력을 보여줄 수 있겠는가? 결국, 쓰고 말하고 읽는 훈련을 통해 계속해서 나 자신을 되돌아보고 반성하고, 발전하고 스스로를 격려해주는 시간이 필요하다. 일종의 나 자신과 대화할 수 있는 소통의 시간이 필요하다. 이 시간을 통해 자신을 정확히 파악하고, 나의 장점과 단점을 되돌아볼 수 있다. 그리고 결국엔 나를 아낄 수 있게 된다.

미국 하버드 대학의 교육심리학자인 로버트 로젠탈이 말한 피그말리온 효과는 무언가에 대한 사람의 믿음, 기대와 예측이 사람에게 긍정적인 영향을 미치는 것이 실제적으로 가능하다는 것을 입증했다. 이렇게 내가 아닌 남이 나를 믿어주고 긍정적인 기대와 믿음을 주면 뭐든 다 할 수 있다는 자신감이 생겨 효율이 높아지는데, 하물며 내가 나를 믿어준다면 우리는 아무것도 하지 못할 일이 없다. 우리 개개인은 무엇이든 할 수 있는 무한한 가능성을 가진 존재들이다. 반두라의 자기 효능감 이론self-efficacy에 따르면, 자기 효능감이 높을수록 당면한 과제에 대한 집중과 지속성을 통해 성취 수준이 높아진다. 그래서 나 자신에 대한 긍정적인 이미지가 형성되고, 문제를 본인의 능력으로 해결할 수 있다는 신념이나 기대감을 가지게 된다. 내면의 진실된 자기 믿음과 긍정적인 생각을 통해 꿈에 가까워지는 방법은 여러 학설을 통해서도 입증되었을 뿐만 아니라 나 역시 직접 경험해보며 깨달은 진리이기도 하다. 실수가 반복되고, 진정한 나를 되돌아보고 싶다면 꼭 한 번 실천해보기를 바란다.

우리의 인생은
날씨와도 같아서

하고 싶은 리스트 100가지 쓰기

타고난 재능이 없어도 노력으로 그 재능을 뛰어넘을 수 있다. 그것이 바로 꾸준한 노력과 습관의 힘이다. 그리고 타고난 재능도 연습하는 습관이 없으면 결코 오래 유지할 수 없다. 쓰고, 말하고, 읽는 데 시간을 투자해보자. 간절히 원하는 것이 있고, 이루고 싶은 것이 있다면, 쓰고, 말하고, 읽어보자. 자주 쓰는 것, 말하는 것, 읽는 것 모두 반복된 행동을 통한 자기반성과 노력으로 만들어지는 습관이다. 처음에는 익숙하지 않고 힘들지라도 하루 몇 시간, 일주일에 몇 번씩 시간을 늘려가면서 연습하면 습관이 되고 결국에는 내 것이 된다. 반복한 그 행위들은 내 몸과 마음에 새겨져 결국에는 완전히 내 것으로 만들수 있다. 쓰고, 말하고, 읽는 대로 이루어지는 마법은 가을이 되면 어김없이 태풍이 발생하고, 여름에는 폭염이, 봄철에는 미세먼지가 말썽을 부리는 것처럼 당연하고도 확실한 진리다. 불가능해 보이는 일을 가능하게 만들어줄 것이다.

고독하고도 지독했던 고등학교 수험생 시절 그리고 아나운서가 되기 위해 준비했던 막막한 언론고시생 시절 그리고 방송과 공부를 병행하며 보낸 치열했던 대학원생으로서의 시간을 버티게 해줬던 힘은 손바닥만 한 수첩에 있었다. 고3 때 엄마께서 선물해 주셨던 주황빛의 다이어리는 1년 내내 나와 함께해준 부적 같은 것이었다. 매일매일 실제 공부했던 시간과 다짐, 스터디 플랜들을 빼곡히 적었는데, 그 수첩 첫 장에는 대학에 가면 하고 싶은 일 100가지가 적혀 있었다. 힘들 때마다 첫 장을 들춰보며 마음을 다잡고, 막막했던 시간들을 버틸 수 있었다. 100가지 중에는 사실 정말 사소한 것도 많았다. 하루 종일 걱정 없이 TV 보기, 동아리 활동 해보기, 파마 해보기 등. 덕분에 내가 하고 싶은 리스트 100가지는 진작에 스무 살, 2009년 그해에 다 이루었다. 그리고 100가지를 이루자마자 바로 또 매년, 매달 내가 하고 싶은 리스트를 정리하기 시작했다. 그리고 그것을 이루어 나가고, 지우고, 또 새로 계획을 세웠다. 그때의 기억을 통해 나는 기록하는 것의 힘을 믿게 되었고, 그 후에 방송을 준비할 때도 대학원을 다닐 때도 같은 방법으로 적용했다.

꿈이 현실이 되는 법, 하고 싶은 것들을 적고 그 꿈을 구체화하는 것의 힘은 이미 많은 책들에서도 증명되었다. 실제로 나도 《시크릿》이라는 책을 읽으며 내가 가고 싶은 대학, 이루고 싶은 꿈, 꼭 해야 하는 일들을 단계마다 계속해서 써내려 갔다. 아무것도 하지 않는 것보다 분명 글로든, 말로든 소리를 냈을 때 꿈에 더 가까워질 수 있었다. 너무 뻔하고, 당연한 것 같지만 쓰는 대로 이루어진다. 쓰면서 생각이 정리되고, 그 생각들이 객관화되어 꿈을 이루기 위한 큰 그림이 된다. 실제로 이루고 싶은 꿈들을 적어보고 다짐을 정리하다 보면 자연스럽게 그 꿈과 가까워질 수 있다. 그리고 본인이 써놓은 그 글을 자주 마주하면서 마음을 다잡을 수 있게 된다. 수험생 시절뿐만 아니라 15년이 지난 지금도 쓰는 대로 이루어지는 그 힘을 강하게 믿고 있다. 일기는 실제로도 나에게 큰 힘이 되었고, 지금도 힘든 순간이 찾아올 때마다 차분히 수첩을 펴고 생각을 정리한다.

방 한편에 쌓인 일기가 몇십 권이 된다. 일기 쓰기는 나의 마음을 되돌아보는 훈련이자 도무지 이해되지 않을 것 같던 다른 사람의 마음까지 알려준다. 어디에 말할 곳이 없을 때 든든히 나에게 위로가 되어줄 뿐만 아니라 복잡한 나의 마음을 수시로 들여다봐 주고 돌봐줄 수 있는 통로가 된다. 일기 쓰기의 장점은 많은 것이 있지만 그중 가장 큰 장점은 일기를 쓰면서 나를 좀 더 객관적으로 바라볼 수 있다는 것이다. 일기를 쓰면서 부정적인 생각이 좀 더 줄어들 수 있고, 내가 할 수 있는 일들이 더 명확해지고, 우선순위가 정리된다. 사람의 기억은 완벽하지 않기 때문에 기록을 하면서 되돌아볼 수 있고, 같은 실수를 반복하지 않게 도와준다. 일기를 쓰는 동안 누가 그 일기장을 보지는 않지만, 생각의 필터링이 여러 번 된다. 생각을 거쳐서 그 생각이 팔에 전달이 되고 그 에너지가 손에 전달되어 펜에 도달하기까지 여러 번의 과정을 통해 나의 기록이 완성된다. 부정적인 생각이 줄어드는 대신 그 자리에 좀 더 생산적이고 따뜻한 마음이 들어올 자리가 생긴다.

　　　마음이 많이 힘들고 지친다면, 누군가에게 말할 수 없는 고민이 있다면 일기를 써보자. 누군가에게 검사받기 위한 숙제가 아니라, 정말 나를 되돌아볼 수 있는 소통의 창구가 되어줄 것이다. 삶에 지치고, 남의 이야기를 듣느라 지친, 나의 마음을 꺼내어 돌봐줄 것이다. 힘들 때마다 내가 써둔 기록들을 찾아볼 수 있다는 것이 큰 힘이 될 것이다. 일기를 초등학교 때 이후로 써본 적이 없거나, 성인이 되어 일기를 어떻게 써야 할지 망설여지는 사람들을 위해 준비했다. 어떤 식으로 일기 쓰기를 시작해야 할지 막막한 사람들을 위한 일기 쓰기의 몇 가지 팁을 알려주고자 한다.

첫째, 너무 두꺼운 일기장은 사지 말자

일기를 쓰기로 마음먹었다면 두꺼운 일기장을 사지 말자. 두꺼운 일기장은 나의 의욕을 떨어뜨리기만 할 뿐이다. 일단 일기장의 크기가 크고 써야 할 페이지의 양이 방대하고 무거우면 부담이 된다. 자연스레 하루 이틀 쓰다가 일기 쓰는 것이 귀찮아진다. 더군다나 무거우면 가지고 다니기도 어렵다. 일기는 마음먹고 책상에 앉아 쓰는 것보다 수시로 쓰고 싶은 순간에 써야 하기 때문에 무게나 크기 또한 너무 부담스럽게 크거나 무겁지 않은 것이 좋다. 우리가 써야 하는 일기는 누군가의 확인과 코멘트가 필요한 것이 아니기 때문에 일기를 쓰는 행위 자체가 스트레스가 되어서는 안 된다.

일기를 쓰다가 지겨워지면 다른 노트로 바꿔도 괜찮다. 이왕이면 얇고 가벼운 노트를 사서 바꾸면 좋다. 기분 전환할 겸, 리프레시할 겸, 일기장을 자주 바꿔주는 것도 좋다. 본인의 취향에 따라서 색깔도, 디자인도 수시로 바꿔도 좋다. 기록해서 모으는 습관을 가지다 보면 일기 쓰기와 더욱 친숙해질 수 있다.

둘째, 카테고리를 나누어서 쓰자

오늘 하루 힘들었던 일, 좋았던 일, 후회가 되는 일, 그래도 나에게 칭찬해주고 싶은 일, 감사할 일 등 이런 식으로 카테고리를 나눠서 쓰면 일기 쓰기의 감이 잡힐 것이다. 처음부터 너무 진지하고 무거운 내용을 다룰 필요는 없다. 그날그날 먹었던 음식이나 만났던 사람들을 함께 기록하는 것부터 시작해도 괜찮다. 누구에게 보여주기 위한 것이 아니라 일기장은 온전히 나를 위한, 나만 보는 공간이기 때문에 뭘 이렇게까지 해야 하나 싶지만, 그렇게 해야 나중에 일기장을 들춰봤을 때 '아, 이때는 이런 감정이 있었고, 힘들었지만 나에겐 이런 좋은 일도 있었다'고 생각할 수 있다. 훗날 다시 그 일기장을 펴봤을 때 그때의 나를 되돌아볼 수 있다. 많은 감정과 기억들이 어우러진 일기장들이 차곡차곡 쌓여 지나간 시간들을 더 오래 깊게 추억할 수 있다. 그리고 힘들었던 일도 막상 카테고리를 나눠 쓰다 보면 그 당시 그 일을 겪었을 때보다 그렇게 힘든 일이라고 생각이 들지 않을 수도 있다. 스트레스 받고 해결되지 않는 일이라고 생각했던 일들도 객관화해서 볼 수 있게 도와준다. 또 어제 생각했을 때 좋지 않았던 일도 시간이 지나서 생각해 봤을 때 도리어 전화위복으로 좋은 일이 될 수도 있다. 힘든 일이라고 생각했던 일이 일기를 쓸 때 즈음엔 좋은 일이 되어 있을 수도 있으니 말이다. 이렇게 일기 쓰기는 내가 가진 가치관과 경험들을 좀 더 객관화할 수 있는 힘을 키우게 도와준다.

우리의 인생은
날씨와도 같아서

셋째, 이왕이면 좋은 펜으로 쓰자

예쁘게 추억을 남기고 싶다면 깨끗하게 써보자. 알아보지도 못할 정도로 쓰는 일기장은 쓰지 않는 것만 못하다. 누구에게 보여줄 필요도 없고, 나 혼자만 보는 것이기는 하지만 두고두고 간직하고 꺼내보기 위해서 이왕이면 좀 더 깨끗하고 글씨도 알아볼 수 있도록 쓰면 더 기분 좋지 않을까? 학창 시절 노트 필기를 할 때에도 가장 중요한 것이 노트와 펜의 종류다. 아무도 나의 감정을 굴러다니는 종이나 잘 나오지도 않는 펜으로 기록해두고 싶지는 않을 것이다. 앞에서 말했듯 나만의 일기장을 골랐다면 나에게 잘 맞는 펜을 살 것을 추천한다. 나는 연말, 연초에 서점이나 문구점에 가서 일기장을 사는 것이 연례행사 중 하나인데, 기분 전환을 하고 싶다면 다양한 펜을 써보고 예쁜 노트들을 구경하면서 새해 다짐도 하고 한 해를 돌아보기를 추천하고 싶다. 펜은 쓰는 느낌이 좋고, 잘 나오고, 노트에 번지지 않는 것을 추천한다. 일기장의 재질에 따라서도 펜이 번질 수도 있고, 잘 안 써 질 수 있기 때문에 신중하게 잘 골라야 한다. 자칫하면 일기장 내용을 알아보지도 못할 정도로 글씨가 뭉개져버릴 수도 있다.

넷째, 매일매일 쓰려는 압박감을 버리자

당신의 일기장은 당신의 것. 오롯이 나 자신과 내면의 나 사이에서만 이뤄지는 대화의 공간이다. 일기 쓰기는 기한을 꼭 맞춰 제출해야 하는 과제가 결코 아니다. 부담감이나 의무감으로 일기를 쓰는 것은 오히려 제대로 된 효과를 느끼지 못할 수 있다. 어느 정도는 규칙성을 가지고 주기적으로 기록하는 것이 도움이 되지만 이것이 과도하게 스트레스나 부담이 되는 것은 피해야 한다. 나를 위해서가 아니라 다른 목적이라면 잠시 일기 쓰는 것을 멈추고 쉬어 가도 된다. 일기장은 나를 되돌아보고, 정신없이 흩어진 기억의 조각들을 잠시 차분하게 정돈해볼 수 있는 나 자신과의 소통 창구다. 의무감에 매일매일 써야 한다는 압박감을 가지게 된다면 결국에는 일기장과 더 멀어지게 될 것이다. 너무 일이 힘들거나 마음이 피곤해서 아무것도 기록하고 싶지 않은 날에는 "2023년 1월 3일. 너무 쓰기 싫다. 내일 써야지" 정도로만 메모해도 괜찮다. 그것조차도 싫으면 "2023/1/3 체함, 아픔, 피곤" 이런 식으로 낱말이나 짧은 키워드로만 그날을 기억할 수 있도록 적는 것도 방법이다. 나중에 일기장을 열어봤을 때 특정한 날, 특정한 사건, 특정한 사람들, 잊고 싶지 않은 하루 등을 기억할 수 있을 정도로만 기록한다고 생각하면 된다.

꿈을 말로 선포하자

꿈은 나 혼자 간직할 때보다 여러 사람과 나눌 때 더 이룰 수 있는 가능성이 높아진다. 마음속에 꿈을 꽁꽁 숨겨두지 말고, 입 밖으로 꺼내자. 말에는 당신이 생각하는 것보다 더 큰 엄청난 힘이 숨어 있다. 말 한 마디로 천 냥 빚도 갚을 수 있다는 이야기는 괜히 나온 것이 아니다. 긍정적인 마음으로 노력하는 것과 별개로 계속해서 나의 꿈을 최대한 많은 사람들에게 이야기하자. 그리고 그 꿈을 현실로 실현시키기 위해 행동으로 옮겨야 한다. 부정적인 생각과 걱정, 불안 등의 요소는 자신의 인생을 무너뜨릴 뿐이다. 침묵과 나 스스로에 대한 불신은 꿈의 가치와 간절함마저 퇴색시킨다.

꿈을 말로 나누게 되면 내가 뱉은 말에 더 책임감을 가질 수 있다. 아무도 모르게 혼자만 간직한 꿈은 그만큼 쉽게 바뀔 수도 있고, 중간에 저버릴 수도 있다. 나의 소박한 다짐이나 작은 꿈일지라도 주변 사람들에게 말하고 다니면 분명히 말하는 대로 이룰 수 있다. 나는 원하는 꿈이 생기거나 목표가 생기면 바로 지인들에게 말한다. "나 아나운서가 꼭 될 거야", "나 이직 꼭 하고 싶어"라고 천천히 입 밖으로 말한 모든 것을 현실로 만들었다. 시간은 얼마가 걸려도 상관없다. 내가 뱉은 말에 대해서는 온전히 나의 몫이며 그 책임도 나에게 있다. 한번 뱉은 말은 주워 담을 수 없고, 많은 이들에게 이야기하면 그 말의 에너지가 그들에게까지 전해져 닿는다. 말을 꺼내게 되면 주위 사람들이 나의 꿈에 대해 어떻게 생각하는지 조언과 응원을 받을 수 있다. 말하지 않았을 때는 혼자만의 아집에 빠질 위험성도 있다. 용기를 내어 입을 열게 되면 내가 혼자 생각했을 때는 몰랐던 것을 새롭게 알고 다른 사람들의 의견을 참고할 수도 있다. 생각지도 않게 먼저 길을 걸어간 사람들의 도움을 받을 수도 있다. 혹시라도 꿈의 과정이나 방향이 조금 어긋날 때는 중간에 고칠 수도 있다.

단, 여기서 주의해야 할 것은 내가 이루고 싶은 꿈의 결과를 말하는 것이 중요하다. "나는 ○○○ 이것을 꼭 이루어 낼 거야"라고 말해야 한다. 부정적인 단어, 이를테면 "○○○○가 하고 싶은데, 어떻게 하지? 안 될 수도 있어"라든지, "그거 진짜 어렵대, 내가 뭐 되겠냐"와 같은 마음에도 없는 소리나, 스스로 의욕을 떨어뜨리는 말들은 지양하는 것이 좋다. 이왕이면 그런 말보다는 "좋은 소식 들려줄 때까지 조금만 기다려줘"라고 말하는 것이 좋다. 그러면 이것을 듣는 친구들도 당신을 믿고, 응원

우리의 인생은
날씨와도 같아서

하는 마음으로 당신의 도전을 기다려줄 것이다. 구체적인 시기를 말하지 않거나 마냥 불안한 이야기를 한다거나, 뭉뚱그려 이야기를 던져버리게 되면 기다리는 입장에서도 걱정되는 마음에 당신에게 구체적인 내용을 계속 물어오거나 일의 진행 상황을 자꾸 물어볼 수가 있다. 그러면 당신은 또 초조해지고, 불안해지거나 위축될 수도 있다. 또 그런 불필요한 감정 소모와 에너지를 낭비하면서 도전을 준비하는 과정에서 시간을 날려보낼 수도 있다.

그리고 이렇게 말을 내뱉는다고 해서 꼭 다 지켜야 하는 것은 아니다. 그렇게 쉬운 것이었으면 세상에 어려운 일은 하나도 없지 않겠는가? 너무 걱정하지 않았으면 좋겠다. 이렇게까지 입밖으로 내뱉어서 나의 꿈과 목표를 말했는데 이루지 못하면 어떡하지? 혹시라도 내가 지인들에게 이야기했는데 꿈을 실현하지 못하면 어떡하지? 쓸데없는 걱정이다. 말했다고 해서 모두 다 해낼 필요는 없다. 해보고 안 되면 또 다른 길들이 있다. 누구도 그 일을 직접 해보기 전까지 나의 경험과 도전에 대해 함부로 평가할 수 없다. 일단 무엇이든 시도하는 것이 중요하다.

책에서 답을 찾자

좋은 책을 읽는 것은, 어쩌면 평생 만날 수 없는 작가의 삶을 느끼게 하고 대화할 수 있게 한다. 몇 권의 책이 나의 인생의 갈림길에서, 혹은 선택의 순간에서 힘을 실어주는 근거가 되기도 하고, 책에서 만난 문장들은 무궁무진한 영감뿐 아니라 큰 위로를 주기도 했다. 그래서 우리는 도전이 망설여질 때, 도저히 일이 안 풀린다고 느껴질 때, 공감을 받고 위로를 받고 싶을 때 책을 읽어야 한다.

나는 주로 답이 보이지 않을 때 서점을 갔다. 이도 저도 아닌 기분이 들 때 책을 찾았다. 나와 비슷한 상황에 놓였던 사람들은 어떤 삶을 선택했을까? 그들은 어떻게 헤쳐나갔을까? 등을 생각하며 나보다 먼저 비슷한 문제를 고민하며 망설이다 다시 도전했던 사람들을 찾아 답을 구하는 것을 다름 아닌 책 속에서 찾으려 했다. 그렇다고 책 읽는 행위 자체를 거창하게 생각할 필요는 없다. 책을 무조건적으로 많이 읽는 것보다는 내가 흥미를 가지고, 진득하게 완주할 수 있는 책을 읽는 것을 추천한다. 남들이 다 읽는 책, 혹은 베스트셀러라고 해서 그 책이 나와 맞으리라는 보장은 없다. 남들의 시선에 휘둘리지 말고 나에게 이야기를 들려주는 작가, 혹은 내가 그 사람의 이야기에 시간 가는 줄 모르겠는 그런 책을 만나면 된다. 그러면서 본인의 취향이 생기고, 자연스레 읽는 습관이 만들어질 수 있다.

한창 아나운서 시험을 보러 다닐 때 최종 합격의 문턱에서 고배를 몇 번 마셨을 때였다. 주위 사람들은 최종 면접까지 간 것이 어디냐며 위로해줬지만, 나는 그런 말들이 전혀 귀에 들어오지 않았다. 1차에서 떨어지든, 최종 면접에서 떨어지든 어차피 결과는 변하지 않기 때문이다. 이렇게 자존감이 낮아지고, 부정적인 생각이 멈추지 않을 때, 너무 힘들고 버거운 상황이 연거푸 일어나 뭘 해도 답이 보이지 않을 때 나는 책을 읽는다. 때로는 누군가에게 말하지 못하는 일들이 있을 수도 있고, 고민을 나눈다고 문제가 해결이 되지 않을 만큼 막막할 수 있다. 그런 순간에 책을 읽으면 답이 조금 보인다. 가끔 책 속의 작가는 나의 인생에 대해서 힘내라는 이야기를 하고 있는 것 같은 착각을 느끼게 할 때가 있다. 내가 오늘 울었다는 사실조차도 모르고, 시험에 떨어진 것도 모르는데 괜찮다고, 다시 해보라고, 세상은 넓고 기회는 많다고 말해주는 것 같았다. 1차에서 떨어진 것과 최종 면접에서 불합격한 것은 결과론적으로는 같지만, 시험 과정에서 나는 더 많은 경험과 노하우가 생겼다. 나아가

다음 시험을 대하는 마음도 더 단련되고 튼튼해지고 있었다.

내가 하고 싶은 일을 찾기 위해 또는 하고자 하는 일의 전문성을 위해 서점을 찾기도 하지만 진짜 나를 찾기 위해서도 서점 가기를 추천한다. 요약된 글이 아니라 한 글자, 한 글자에 그리고 문장들을 읽고 있으면 내가 그 작가와 마치 아는 사람이었던 것 같은 착각에 빠져든다. 내가 그 작가의 삶을 느끼고, 그가 하고자 하는 말에 귀 기울이면 그가 해주는 위로와 용기의 말들이 당신을 다시 일어서게 해주는 힘이 되어줄 것이다.

살면서 기억에 남는 몇 권의 책과 작가들이 있다. 그중에서도 힘들 때마다 읽어 보면 힘들어하는 내 자신이 부끄러워지고, 스스로에게 용기를 주게 되는 그런 책들, 나의 삶에 긍정적인 영향을 주었던 책들이 있다. 바로, 오히라 미쓰요의《그러니까 당신도 살아》, 조안 리의《스물셋의 사랑 마흔아홉의 성공》이라는 책이다. 두 책의 주인공은 불가능을 가능하게 한 공통점이 있다. 아무도 가지 않은 그녀들만의 인생을 살아간 이야기라는 점이다.

오히라 미쓰요는 학창 시절 왕따와 자살 소동으로 방황

우리의 인생은
날씨와도 같아서

을 일삼는다. 그러다가 어린 나이에 야쿠자의 아내로 결혼까지 하지만 이혼하게 된다. 훗날 그녀는 끝없는 방황을 거쳐 사법고시에 합격해 비행 청소년 전문 변호사로 활동하게 된다. 최근에 그녀의 근황을 다시 찾아보니 내가 처음 그녀를 만났던 20여 년 전보다도 더 많은 책을 출간했고 재혼 후 딸과 행복하게 살아가고 있었다. 그녀는 책에서 인생을 '훈련장'이라고 표현했다. 실패도 할 수 있는 훈련장이고, 우리 자신을 훈련하는 터전이라고. 그래서 살아있음이 흥겹다고. 새 삶을 살아보고자 마음먹었다면, 그냥 결심하고 지금이 출발점이라고 생각하면 된다. 그녀는 말한다. 지금 우리에게 찾아오는 괴로움이나 슬픔이 결코 영원한 것이 아니며 언젠가는 해결된다고. 그래서 더 긍정적인 자세로 희망을 품고 살아가기를 바란다. 지금이라도 늦지 않았고, 지금 바로 새로운 인생을 시작할 수 있다.

또 다른 여자가 있다. 조안 리. 대학생이던 그녀는 학교에서 스승님이자, 예수회 원장신부인 마흔아홉 살의 미국인 신부와 스물여섯 살의 나이 차이를 극복하고 결혼한다. 신부의 결혼은 가톨릭 제일의 금기사항이다. 원장신부는 로마 교황청에 탄원서를 올리고 신부직을 내려놓는다. 그녀도 대단하지만 그녀의 남편 케네스 에드워드 킬로렌 신부는 조안 리와 결혼하기 위해 30년 동안 하던 본인의 사제직을 내려놓고, 정신병원에도 감금되는 수모를 당하며 결국에는 로마 교황청의 사면과 허락을 받아낸다. 그녀와 그는 평생을 후회 없는 사랑을 나눴으며, 온갖 역경을 뚫고 국제 비즈니스계에도 여러 업적을 남겼다. 그리고 작년 9월 생을 마감했다. 그녀는 말했다. 결국 삶이란 도전하고 쟁취하는 자의 것이라고. 혼란과 갈등, 고뇌도 결국 도전에의 결단을 위하여 준비되어 있는 통과의례에 지나지 않는다는 것이다. 삶에는 연습이 없고, 도전하고 쟁취하는 자만이 그 삶을 누릴 수 있다.

평생을 후회 없이 살아간 그녀들. 용기 있게 본인들의 삶을 만들어간 그녀들. 진로를 고민하고, 이직을 고민하는 것은 생사가 달린 문제는 아니다. 규율과 규칙을 깨는 행위도 아니다. 하지만 그녀들은 온 생을 걸고 본인들의 삶을 도전했다. 그들이라고 두렵지 않았을까? 정답을 알고 간 것일까? 아니다. 두렵고, 무서웠고, 막막했지만 그저 부딪쳐본 것이다. 마지막이라고 생각한 순간, 끝까지 포기하지 않았고 한 발자국 더 나아갔다. 본인이 이루고자 하는 것, 그리고 간절히 바라는 것을 향해 그냥 달려갔다. 그리고 얻어냈다. 나이는 중요하지 않다. 성별도 중요하지 않다. 힘들 때마다 그들의 이야기를 보고 있노라면, 내 가슴속이 끓어오르는 어떤 전율이 느껴진다. 어차피 인생이라는 것이 완벽할 필요가 있을까? 하루하루 우리는 연습하며 시행착오를 겪고 있다. 그래서 힘든 시간들이 와도 너무 힘들어할 필요가 없고, 계속해서 해보면 된다. 그래서 정해진 길이 아닌, 내가 진짜로 하고 싶은 것들을 후회 없이 해볼 용기가 생긴다. 내가 고민하고 있는 것들은 아무것도 아니라는 자신감마저 생긴다. 용기 있게 그냥 해볼 수 있는 마음이 꿈틀거린다. 거창하거나 대단하지 않더라도 내가 이 세상에 태어나서 한 번쯤은 꼭 해보고 싶은 것들, 그런 것들을 꿈꿀 수 있게 된다. 그들의 삶 앞에서 나의 도전은 오히려 소박해 보이다 못해 안전해 보이기까지 한다.

이제 책을 읽었으니 뉴스를 '읽어보자.' 아나운서 준비를 할 때 하루도 빠짐없이 거울을 보며 뉴스와 신문을 읽었다. 처음에는 목소리가 좀 작다는 지적을 받았는데, 나의 꿈을 위해 그냥 해보기로 했다. 뭐 그리 어려운 일이라고 생각하면서 이런 도전쯤은 부딪쳐볼 가치가 있다고 생각했다. 목으로만 소리를 내는 것이 아니라 배의 힘을 키우기 위해 헬스장에 가서 윗몸일으키기도 했고, 대학교 수업 공강 시간에 학교 앞 노래학원에 찾아가 성량을 풍부하게 하기 위해 노래도 배웠다. 음치인데 정말 열심히 불러댔다. 나중에는 더 깊은 울림을 주는 소리를 만들고 싶어서 판소리 선생님도 찾아가서 꽤 오랜 시간 이몽룡을 애타게 찾는 춘향가도 부르고, 효심 지극한 심청가도 애처롭게 불렀다. 안 해본 것이 없었다. 도전을 하는데 이런 노력쯤이야 별거 아니라고 생각했다. 실제로 목소리가 굉장히 얇고 가늘었던 나는 몇 날 며칠을 꾸준히 연습한 덕분에 목소리에 힘이 생겼다.

그 후로 수도 없이 영상을 찍어서 모니터링 했고, 화면에 비친 내 모습, 표정, 말투, 발음, 목소리 등을 체크했다. 매일 영상을 찍기 전 "안녕하십니까, ○○○ 방송국, 전소영입니다"라는 인사로 시작했는데, 실제로 그 자리에 앉을 나를 상상하면서 연습했다. 그 결과 내 목소리는 방송할 수 있는 단계의 성량을 가지게 됐다. 꿈을 계속해서 큰 소리로 말하고, 되뇌고 연습하면 이루어진다.

쓰고 말하고, 읽는 나의 하루하루가 모여 어느 순간에는 내가 바라는 꿈을 이룬 모습이 되어 있었다. 단기간에 해보려고 하지 말고 나를 위한 습관으로 만든다는 생각을 가지고 천천히 시도해보자. 내 생각을 정리해보고, 꿈을 이야기하고, 나의 마음의 양식을 채우는 과정을 반복하다 보면 어느새 나의 것

우리의 인생은
날씨와도 같아서

이 되어 있을 것이다. 차곡차곡 쌓인 쓰고, 읽고, 말하는 습관들은 결국 당신 그 자체가 된다. 어느 순간 대체될 수 없는 뚜렷한 나의 색깔을 가진 스스로를 발견할 수 있다. 좋은 습관을 가진 사람은 그 자체로 본인의 생활과 삶에 자신감이 넘칠 수 있다.

걷다 보면
또 다른 길이 보인다

해가 쨍하고 뜬 맑은 날, 느닷없이 내리는 비를 '여우비'라고 한다. 보통의 비는 내리기 전에 미리 몇 가지 자연 현상들이 동반되기 때문에 확률적으로 예측 가능하다. 구름의 모양이라든지, 구름의 이동 경로를 통해서도 확인할 수 있고, 누적된 강수량의 확률 예측을 통해서도 예보가 만들어진다. 그런데 여우비는 정말 뜬금없다. 예상치 못하게 갑자기 비가 '쏴아-' 하고 내린다. 하지만 여우비가 올 때는 우산이 없어도 괜찮다. 우산 없이 비를 쫄딱 맞고 어떻게 집에 가야 할지 걱정하지 않아도 된다. 왜냐하면 금방 비가 그치기 때문이다. 당신도 분명

우리의 인생은
날씨와도 같아서

삶에서 그런 순간을 경험해보았을 것이다. 맑은 날에 잠깐 내리는 여우비처럼 살다 보면 예기치 못한 일들을 종종 마주하게 된다. 그 순간에는 짜증 나고, 야속해서 원망할 대상을 찾고 싶어진다. 맑을 줄 알았는데 갑자기 비가 내리니까 당연히 그럴 수 있다. 하지만 너무 오래 우울해할 필요는 없다. 울고 있다 보면 갑자기 비가 그치고 해가 다시 뜰 것이다. 내가 울며 힘을 뺀 시간들이 아까울 정도로 해는 금방 다시 뜬다.

우리는 인생을 살아가며 생기는 잠깐의 혼란과 어려움 때문에 낙심할 필요 없다. 간절히 바라는 모든 것이 다 이루어지면 좋겠지만, 삶이 언제나 자율 의지대로 되는 것은 아니다. 내가 원하는 것이 있다 하더라도 예상치 못한 여러 가지 이유로 원하는 꿈을 이루지 못할 수 있다. 타이밍이 잘 맞지 않았거나, 운이 유독 따라주지 않을 수도 있다. 그래도 너무 실망하거나 좌절할 필요 없다. 목표 앞에 본인 스스로 떳떳하면 된다. 튼튼한 기본기만 있다면 언제든지 다시 시작할 수 있다. 그 기본은 다시 기회가 왔을 때 잡을 수 있게 하는 힘이 되어준다. 너무 한 가지 목표만을 향해 힘겹게 무리하며 걷지 않아도 된다. 사실 나도 늘 그랬던 것 같다. 늘 욕심을 부렸고, 과하게 무리할 때도 있었다. 그래서 생각한 방향대로 일이 진행되지 않고 조금 틀어지거나 실수를 하면 나 자신을 크게 탓했다. 비가 오면 원망스러웠고, 일이 뜻대로 되지 않으면 혼란스럽고 막막해했다. 지금보다 더 어렸을 때, 앞뒤 안 가리고 꿈과 목표를 도장 깨기 하듯해치우던 시절에는 산 정상을 목표로 정하고 그것만을 보고 무작정 달려갔다. 빨리 정상에 오르고 싶어서 무리를 했다. 내가 왜 산 정상을 오르고 싶은지에 대한 고민보다 어떻게 하면 산 정상에 빠르게 오를 수 있는지에 더 많은 시간을 할애했다. 무조건 산 정상에 빠르게 도달하기 위한 방법을 연구하고, 찾아보고, 공부했다. 다른 사람들보다 빨리 정상에 올라가야 한다고 생각했고, 이왕이면 더 많은 정상을 정복해보고 싶다는 생각뿐이었다. 정작 정상에 오르기 위해서는 체력을 기르고 산 정상을 많이 올라가 본 사람들의 조언이 필요했던 건데 나는 책상에 앉아 산의 종류와 지도만 쳐다보고 있었다.

여러 분야에서 다양한 경험을 해오며 겪은 실패의 과정들을 통해 산 정상은 누구보다 빨리 오르는 것이 다가 아님을 깨달았다. 이제는 시간이 지날수록 산 정상에 오르며 스치는 풍경들이 보이기 시작했다. 내가 목표하고 바라본 그 봉우리가 전부가 아니었다. 하나일 줄 알았던 산봉우리가 옆을 돌아보니 남쪽에도 있었고, 서쪽에도 있다는 것을 알게 되었다. 산 정상에

우리의 인생은
날씨와도 같아서

빠르게 올라갈 필요도 없었다. 어차피 올라갈 거라면 좀 더 여유롭게 가도 됐다. 중요한 것은 봉우리를 정복하는 데에 있지 않기 때문이다. 산 정상까지 도달하는 것보다 산을 올라가면서 점점 늘어가는 나의 체력을 발견하는 기쁨이 더 컸다. 그리고 중간중간 지치지 않도록 셰르파처럼 도와주는 가족과 주변 사람들은 타는 갈증을 해결해주는 약수터의 시원한 물처럼 생각지도 못한 소중한 선물들이 있다는 것을 알게 해주었다. 이론적으로 산봉우리에 빠르게 도달하기 위해 헬리콥터를 탔거나 순간 이동을 했다면 알지 못했을 것이다. 중간에 뻗어 있는 다른 길들, 목표한 봉우리보다 높진 않지만 멋지게 솟아 있는 건너편의 봉우리들을 볼 수 없었을 것이다.

삶을 충실하게 그리고 열심히, 조금의 마음 여유를 가지고 살아가다 보면 생각지도 못한 다른 기회를 마주할 수 있을 것이다. 걷다 보면 또 다른 길이 보이기 때문이다. 오히려 생각지 못하게 그 다른 길을 걸었는데 장기적으로는 더 나은 결정이 될 수도 있다. 돌아간 길에서 생각지 못한 더 나은 풍경을 만날 수 있다. 내가 목표로 한 것을 이루지 못했다고 해서 결코 실패한 것이 아니라는 뜻이다. 목표한 것을 이루지 못했을 뿐이다. 목표로 세우지 않았던 다른 것을 이뤄내면 된다.

나는 아나운서만을 생각하다 기상캐스터가 되었다. 방송업계에 대해 잘 모르는 대부분의 사람들은 아나운서와 기상캐스터가 무슨 차이가 있을까 생각할 수 있다. 어떤 방식으로 생각하면 시청자에게 내용을 전달하고, 정보를 제공한다는 측면에서 혹은 전형 과정에서의 절차나 필요한 역량 등에서는 비슷하다고도 할 수 있다. 하지만 실제 방송국에서의 세부적인 역할이나 방송에서 다루는 내용도 다르다. 일반적으로는 비슷해 보이지만 전문적인 영역에서는 다르다. 실제로 아나운서가 기상캐스터가 되기도 하고, 기상캐스터가 아나운서가 되기도 한다. 나처럼 아나운서, 기상캐스터 두 개 다 병행하기도 한다. 일단 아나운서만 생각했기 때문에 기상캐스터가 되고 나서도 아나운서에 미련이 아예 없었던 것은 아니다. 그래서 후회하기 싫어서 기상캐스터 일을 하면서도 아나운서 준비를 잠시 했었다. 이후 지상파 기상캐스터가 되면서는 사내 아나운서나, MC로 활동하면서 내 스스로 방송 영역을 확장할 수 있었고, 두 가지 업무를 후회 없이 모두 할 수 있었다.

기상캐스터와 아나운서의 업무는 세부적으로는 차이가 있지만 넓게 봤을 때는 다르지 않다고 생각했다. 그래서 나에게 주어진 환경에서 어떻게 그 일에 의미 부여할 수 있을까를 고민했다. 그래서 나는 유일무이한 기상캐스터가 되기로 마음먹었다. 같

우리의 인생은
날씨와도 같아서

은 원고를 써도 좀 더 특별하게, 사람들이 공감할 수 있는 내용을 담으려고 노력했다. 좀 더 친절한 딸처럼, 손녀처럼, 언니처럼 친근한 기상캐스터. 비록 화면을 통해서이지만 사람들이 자꾸만 찾고 싶고, 보고 싶은 기상캐스터가 되려고 했다. 매일 방송을 하다 보면 피곤하고 귀찮은 날도 분명 있고, 타성에 젖어갈 때도 있다. 그럴 때마다 마음을 고쳐먹고 나에겐 수백 번의 방송 중 하나지만, 우연히 TV 채널을 돌리다 날씨 방송을 처음 본 사람에게는 나의 그 방송이 처음일 수 있겠다는 생각을 하며 일했다. 그래서 몇 분 안 되는 날씨 방송이지만 사람들이 잠시라도 행복하고 기분 좋을 수 있게 예보를 전하려고 노력했다. 멘트의 앞뒤에 좀 더 색다른 문구를 넣는다든지 SNS를 통해 들어오는 기상캐스터에 대한 궁금증이나 문의들도 그냥 지나치지 않았고, 기상캐스터를 꿈꾸는 지망생들의 응답에 답해주며 최선을 다했다. 솔직히 인기나 유명세는 크게 관심이 없었다. 그래서 사람들이 자꾸만 보고 싶어 하는, 그래서 편안하게 다가갈 수 있는 방송을 하고 싶었다. 그런 의미에서 나는 독보적이고 유일무이했다.

기상캐스터로 일할 때는 개인 시간이 많았다. 그래서 내가 잘할 수 있는 것들을 찾을 수 있는 기회가 많았다. 어떤 선후배, 동료들은 그 시간에 하고 싶었던 취미 생활을 하기도 하고, 새로운 것을 배우러 다니는 경우도 많았다. 나는 방송을 하고 싶어 하는 지망생들을 위해 계속 강의를 했다. 또 좀 더 깊이 있게 공부를 해보고 싶어서 시간을 쪼개 대학원을 다녔다. 뿐만 아니라, 각종 사내 아나운서를 맡아 하면서 방송인으로의 분야를 넓혀나갔다. 방송을 시작하고 한 가지 일만 쭉 했거나, 날씨 방송만 이어 왔다면 지금의 대기업 이직은 불가능했을 것이다. 아나운서만을 생각하다가 기상캐스터가 되어 처음 꿨던 꿈과는 조금 다른 꿈을 꾸고 있고, 인생의 방향도 많이 바뀌었다. 내가 목표로 했던 생각과는 이제 다른 길이 펼쳐졌으니 내가 가는 길이 혹시 가시밭길은 아닐지, 잘 가다가 진흙탕에 빠진 것은 아닐까 하는 불안함도 있었는데 돌아보니 나의 꿈은 더 단단히 굳어 어느샌가 빛나는 길이 되어 있었다.

가고 싶었던 길이 아니더라도, 걷다 보면 다른 길이 보일 것이고, 새롭게 열린 그 길이 훨씬 더 나에게 잘 맞을 수도 있다. 초창기에 방송을 같이 준비했던 친구들 중에는 불안정하고 불확실한 방송업계로의 진로를 일찌감치 그만두고 다른 직종으로의 취업을 준비해 지금은 다른 일을 하고 있는 친구들도 많다. 은행, 일반 기업, 대학원 진학, 고시 준비 등 다양한 분야

우리의 인생은
날씨와도 같아서

로 진로를 바꾸었다. 그들의 인생을 감히 실패했다고 할 수 있을까? 누구도 절대 함부로 말할 수 없다. 오히려 방송을 준비했던 경험을 살려 면접에서도 더 두각을 드러내 각자의 분야에서 인정받고 있다. 확실히 아나운서나 기상캐스터, 리포터 등의 방송인을 준비했던 사람들이 일반 기업이나 방송업계 외의 직종에서도 사람을 상대하는 일이나, 프레젠테이션을 할 때나 특출난 능력을 드러내는 경우가 많다. 이들은 기업에서도 다른 직원들보다 확실히 말을 잘하고, 남들 앞에 서는 일에 긴장을 덜하기 때문에 사내 MC나 회사의 홍보일을 맡기도 한다고 한다. 비록 처음 생각대로 되지는 않았지만, 나에게 더 맞는 방향으로 일을 바꾸었고, 결과적으로 아주 잘 해내고 있다. 아나운서를 준비했던 경험 덕분에 남들은 가지지 못한 나의 능력을 키웠고, 이 능력들을 잘 활용하여 곳곳에서 쓰임 받고 있다. 결국 쓸모없는 경험은 없으며, 도전과 꿈을 꾸었다는 그 자체만으로 값진 나의 기록들이 된다. 그 경험들은 어느 순간 차곡차곡 모여 나의 커리어가 된다. 내가 지금 아나운서가 되지 않았다고 해서, 기상캐스터를 떠났다고 해서, 시험에 떨어졌다고 해서, 혹은 내가 원하는 곳에서 일하고 있지 않다고 해서 좌절하거나 속상해할 필요 없다.

다행히 나는 내가 정말로 하고 싶은 일들이 꾸준히 있었다. 그것들이 나와 잘 맞는지, 잘할 수 있는 것인지 모르겠지만 덕분에 그때그때 도전할 수 있었다. 하지만 대부분의 사람들은 정말로 원하는 일이 무엇인지 모르는 경우가 많다. 내가 원하고, 하고 싶은 일을 찾는 건 인생에서 매우 중요하다. 어차피 인생 자체가 쉽지 않고, 한 번뿐이라면 내가 좋아하고, 하고 싶은 일을 하면서 살면 힘든 일이 찾아올지라도 그 순간을 버텨낼 힘이 더 생기지 않을까. 마냥 행복할 수만은 없겠지만, 그래도 내가 좋아하는 일을 하면서 가끔씩 보람과 재미를 느낀다면 그것만으로도 충분하다.

내일 내가 이 세상에서 사라진다고 해도 후회하지 않을 자신이 있는가? 만약 정말 그런 상황이라면 나는 오늘 밤 너무 아쉬워서 잠들지 못할 것 같다. 하고 싶은 게 너무 많아서 잠들기 억울할 것 같다. 내가 정말로 원하는 일에 한 번쯤이라도 도전해볼 수 있는 용기를 가지고 그냥 부딪쳐보면 어떨까? 누군가에게 잘 보일 필요도 없고, 성공 여부를 측정하는 이도 없다. 실패해도 괜찮다. 내가 간절히 원하는 일이 있었다는 것만으로도, 그리고 그것을 한 번쯤 꿈꾸고 해봤다는 것만으로도 큰 의미가 있다. 그렇게 도전할 수 있는 용기는 삶을 살아가다 어려움이 닥쳤을 때 나를 일으켜 세워주는 힘이 될 것이다.

우리의 인생은
날씨와도 같아서

자신이 원하는 길을 어떻게 찾아 걸어나갈 수 있을까? 아무것도 하지 않고 가만히 있으면 절대 넝쿨째 정답이 굴러오지 않는다. 적극적으로 노력해야 하고, 그 답을 찾기 위해 멈추어선 안 된다. 억지로 내가 하고 싶은 일을 찾아서 시간을 보내야 한다기보다는, 평범한 일상을 보내면서도 오감을 활짝 열어서 그것을 찾을 수 있는 많은 가능성을 열어두고 준비해야 한다는 뜻이다. 도전을 무서워한다면 정말 아무것도 이룰 수 없다. 나 역시 많은 사람들이 예상할 수 있는 뻔한 길을 가고 싶지 않았다. 편견을 깨부수고 내가 새롭게 미래를 그려야겠다고 생각했다. 그래서 불안했고, 두려웠고, 불가능해 보였지만 나 스스로를 믿었다. 때로는 강풍을 만나고, 때로는 예상치 못한 높은 파고에 흔들리기도 하겠지만 그래도 가보고 싶었다. 원하는 길을 찾아 떠난 나의 배는 항구를 이제 다시 막 떠났다.

내가 원하는 길을 찾는 방법은 몇 가지가 있다.

나의 특기를 먼저 발견하자

나는 카메라 앞에 서는 것을 굉장히 좋아했지만 모델이나 배우는 맞지 않았다. 왜냐하면 평소 나는 모르는 사람들 앞에서 말하는 것에는 거리낌이 없었지만 모델이나 배우처럼 끼가 많거나 텐션이 높지 않고 심지어 간헐적으로 낯을 가리기도 했다. 그래서 적당히 주목을 받는 것을 즐기면서, 나의 이야기를 할 수 있는 방송 진행자가 잘 맞는다고 생각했다. 학창 시절에도 그런 기회를 자주 체험해보고 싶어서 웅변대회나 영어 말하기 대회 같은 것을 틈틈이 신청했고, 대학생이 되어서도 항상 발표를 도맡아 했다. 하면 할수록 자신감이 붙었고 실력이 느는 것도 느껴져 그 자체를 즐기게 되었다. 실제로 방송을 준비하면서 카메라 테스트를 보러갈 때도 다른 지망생들에 비해 강철 심장이라는 소리를 자주 듣곤 했다. 카메라 앞에서 적어도 내가 하고 싶은 말은 무조건 다 하고 나왔기 때문이다.

강의를 하러 돌아다니거나 어린 학생들을 만나다 보면, 대부분의 학생이 진정한 꿈을 모르는 경우가 많다는 것을 알게 되었다. 지금 남들보다 1~2년 앞서가는 것이 중요한 게 아니라, 장기적으로 내가 이 일을 즐겁게 할 수 있는지 찾는 데 좀 더 열심히 투자하기를 바란다. 어차피 해야 할 일이라면 즐겁게 하면 더 좋지 않을까? 똑같은 일이라도 내가 좀 더 흥미가 있고 잘할 수 있는 일이라면 더 신바람이 나서 하게 될 것이다.

우리의 인생은
날씨와도 같아서

나를 객관적으로 평가받자

내가 남들보다 조금이라도 더 잘하는 것이 분명 있다. 남들보다 조금 더 친구들의 외모 변화를 잘 알아채는 것도 특기며, 밤잠이 없는 것도, 여러 개의 취미를 가지는 것도, 나를 예쁘게 꾸미는 것도 모두 특기가 될 수 있다. 남들보다 내가 조금 더 재미있게 말하는 것, 그리고 조금 더 잘하는 것을 찾아서 고민해봐야 한다. 앞에서도 말했지만 나는 무대 체질이었다. 남들보다 덜 긴장했고, 여러 사람 앞에 서는 것을 참 좋아했다. 또, 내가 알고 있는 재미있고 신기한 이야기들을 친구들, 주위 사람들에게 설명하고 알려주는 것이 좋았다. 내가 다른 사람에게 선한 영향을 주고 도움을 줄 때 행복했다. 그래서 나는 방송을 하고 싶었고, 이직을 한 후에도 방법과 방식은 다르지만 비슷한 일을 하고 있다.

소통하는 것, 누군가에게 도움이 되는 것이 어떤 부분에서는 닮아 있는 것 같다. 중요한 면접을 앞두고 있거나, 스스로에 대한 객관화가 필요하다면 주위 친구들이나 가족들에게 요청해보는 것이 좋다. 그들은 나 스스로도 잘 인지하지 못하고 있는 나 자신에 대해 알려줄 수 있는 사람들이며, 내가 모르는 나의 장점들을 이야기해 줄 수 있는 사람들이다. 나는 장점이라고 생각하지 않았지만, 친구들이 발견해준 장점은 내가 가진 강한 무기가 될 수 있다. 그런 조언들을 귀담아 들으면 일관적으로 내가 남들에 비해 좀 더 특별한 무언가를 발견할 수 있다. 그리고 이것을 활용해 꿈을 찾는 과정에서든, 면접에서든 나를 좀 더 객관적으로 바라볼 수 있게 된다.

행복한 일을 경험하자

돈이나 명예, 다른 사람들의 시선과 상관없이 온전히 내가 좋아하는 일은 무엇인지를 생각해 봐야 한다. 재능 기부 강의를 꽤 오랜 시간 했다. 강의를 준비하는 시간도 오래 걸리고, 강의 자료를 만드는 것부터 강의를 기획하고 운영하는 것까지 많은 노력이 필요하다. 아나운서 준비생 시절, 팟캐스트에서 야구 프로그램 DJ를 꽤 오랜 시간 했었다. 어떤 대가도 없었고, 출연료는커녕 오히려 나의 돈을 들여 프로그램을 운영했었다. 주위 사람들은 돈과 시간을 들여가며 그 일을 몇 년씩 하는 나를 보면서 신기해했다. 많이 유명하지 않았고, 듣는 사람도 많지 않았지만, 그 꾸준함 덕분에 많은 사람들이 점차 팟캐스트를

우리의 인생은
날씨와도 같아서

듣게 되었고, 나중에 스포츠 아나운서 시험을 준비할 때 야구 상식 면에서나 진행 면에서 많이 도움이 됐다. 그래서 KBS, MBC, SBS 3사의 스포츠 채널 아나운서 최종 면접까지 4번 이상 올라갈 수 있었다. 정말 좋아하고 즐거운 일이었기 때문에 가능했다. 누가 억지로 시켰다면 그렇게 오랜 시간 즐기며 하지 못했을 것이다. 내가 즐기면서 하다 보면 자연스럽게 대가와 보상은 따라오게 된다.

대학원 공부도 마찬가지였다. 새벽 방송과 병행하면서 일반 대학원 석사를 졸업하고, 박사과정 수료까지 마무리했다. 매주 수십 개의 논문을 읽고, 요약하고, 발표하는 시간들의 반복이었다. 끼니는 늘 삼각김밥이나 천하장사 소시지. 혹은 차에서 컵라면으로 때우기 일쑤였다. 어떤 날은 방송하며 붙인 속눈썹을 채 떼지 못해서 한쪽을 덜렁덜렁 매달고 수업을 듣다가 한참 후에야 발견한 적도 있었다. 공부해야 할 양이 너무 방대하다 보니 방송이 없는 딱 하루 쉬는 주말에도 스터디 카페에 갔다. 순간순간 내가 지금 뭘하고 있나 하는 생각이 들 때도 있었다. 그런데 희한하게도 그 3년의 시간 동안 감기에 잘 걸리지도 않았고, 몸이 아프지도 않았다. 힘은 들고 피곤했지만, 누구도 아닌 정말 나를 위해 지식이 차곡차곡 쌓이는 느낌이 들었다.

논문 한 권을 읽을 때마다 그 지식이 그대로 내 온몸으로 흡수되는 느낌을 경험했다. 누가 시켜서 한 것도 아닌, 내 스스로 선택한 온전한 나를 위한 투자였기 때문에 계속해서 내가 성장하는 것이 느껴져 행복했다. 그래서 모두가 불가능하다고 생각했던 일을 행복하게, 몇 년 안에 마무리할 수 있었다.

5년, 10년 즐겁게 할 수 있는 일을 하자

5년 후, 10년 후의 나를 상상해보자. 지금 당장은 내 의지와 상관없이 남들이 하니까, 혹은 쉬워 보여서 시작한 일은 오래가지 못한다. 미래의 나를 위해 인내하는 시간을 가져야 한다. 당장 눈앞의 결과만을 보고 선택하면 금방 무너져 버리거나 장기적으로 잘 이어지기 힘들다. 실제로 부모님이나 주위의 반응에 등 떠밀리듯 소위 취업이 잘된다는 전공이나 선망의 직업을 선택했다가 결국 후회하거나 다시 본인이 좋아하는 일을 찾아 떠나는 경우를 종종 봤다. 물론 주위의 조언을 통해 사회적으로 안정적인 직업을 선택하는 것이 옳지 않다는 것은 아니다. 이런 상황에도 불구하고 해보다가 아니면 과감히 돌아가도 괜찮고 해보고 싶었던 것이 있다면 망설이지 말고 할 수 있는 일

우리의 인생은
날씨와도 같아서

을 찾아도 된다고 이야기해주고 싶다. 내가 관심을 가지고 좋아하는 분야가 일회성으로 끝나버리는 것이 아니라 몇 년 후에도 내가 즐기며 찾아서 할 수 있는 일인지 생각해야 한다. 물론 내가 좋아하는 일이라고 모든 것이 다 용인되는 것은 아니다. 남에게 피해를 주거나 사회에 악영향을 끼치는 것은 지양해야 한다. 그리고 나만의 장점을 활용하고 발전시킨다면 분명히 도전의 과정에서 그 능력이 빛을 발하는 순간이 올 것이다.

원래의 꿈과는 다른 길을 갔지만 걷다 보니 다른 길을 찾았고, 오히려 삶이 더 잘 풀린 사람들이 있다. 전 세계적으로 강남스타일 열풍을 몰고 온 가수 싸이는 히트곡만 수십 개에 달하는 명실상부 최고의 가수다. 한류를 진작에 이끈 사람이자 지금도 매번 그가 곡을 발표할 때마다 전 세계가 떠들썩거린다. 방탄소년단 훨씬 이전부터 세계적으로 명성을 떨친 가수며 지금도 종종 그의 노래를 듣고 매해 콘서트를 찾아갈 정도로 나 역시 싸이의 엄청난 팬이다. 처음부터 그는 본인이 가수로서 성공할 것을 알았을까? 아무런 고민도 시련도 없었을까? 부모님의 반대, 개성이 강한 얼굴이라는 비판, 한국 정서와 문화와 맞지 않다는 반항적인 노래와 가사들로 긴 시간 우여곡절을 겪은 후에 지금의 자리에 올라왔다. 그뿐만 아니라 그의 삶을 다시 보게 된 것은, 그도 처음부터 가수가 되려 하지 않았다는 사실 때문이다. 그의 꿈은 원래 작곡가였지만 곡이 팔리지 않아서 본인이 가수가 되었다. 근데 가수로서 오히려 대성공을 이루었다. 그가 만약 작곡가가 되었다면, 수많은 그의 퍼포먼스, 화끈한 춤 그리고 노래 실력은 세상에 나올 수 없었을 것이다. 그가 무대에서 보여주는 열정은 넘치다 못해 땀이 폭발할 정도로 흥에 겹다. 그런 그의 매력들을 보지 못했을 수도 있다고 생각하니 아찔하다. 오히려 그가 가진 다른 재능과 능력이 가수로서 더 빛을 발한 것이다.

또 스포츠 뉴스에 자주 등장하는 현現 울산현대모비스의 유재학 농구 감독 역시 원래 본인이 가고자 했던 길과는 조금 다른 길을 걸었지만 오히려 큰 성공을 이룬 사람이다. 그는 80년대 우리나라 농구선수로 훌륭한 실력을 가지고 있었지만 무릎 부상으로 인해 스물여덟의 이른 나이에 은퇴하게 된다. 그 후 코치를 거쳐 농구 감독이 되었다. 본인의 실력을 다 발휘하지도 못한 채 선수 생활을 마무리했기 때문에 너무나 참담하고 암울했을 것이다. 하지만, 감독으로서 본인의 능력을 더 펼치면서 선수로서 빛을 보지 못했던 순간을 극복하고 현재 KBL 최초 600승을 달성하면서 최고의 감독으로 이름을 크게 날리게 된다.

뿐만 아니라 세계적인 축구선수 손흥민의 아버지도 본인 스스

우리의 인생은
날씨와도 같아서

로 축구의 열정은 컸지만 축구선수로서의 수명이 길지 않았다. 하지만 손흥민을 최고의 선수로 만드는 길을 택했고, 결국 성공했다. 그는 본인이 선수 시절에 걸어온 길을 되돌아보고 느꼈던 그때의 경험을 바탕으로 선수로서 중요한 것과 그렇지 않은 것을 명확히 알았다. 그리고 그 노하우들을 아들뿐만 아니라 여러 축구 꿈나무들에게 전해주고 있다. 세계적인 명성을 떨치고 있는 손흥민 선수의 뒤에는 아버지가 있었다.

누가 이들을 실패한 인생이라고 감히 말할 수 있겠는가? 이들의 인생 방향이 조금 달라졌지만 누구보다 훌륭히 본인의 몫을 다하고 있고, 존경받고 있다.

삶의 방향을 전혀 다른 길로 바꾸었지만 성공한 사례는 많다. 그리고 도전을 하려고 했다가 머뭇거리고 후회하는 경우도 있다. 조금 더 빨리 깨달을 걸, 더 과감하게 도전해볼 걸 후회하지 말자. 물론 도전을 했다가 후회할 수도 있다. 대한민국의 대표 산악인 엄홍길 대장은 에베레스트와 히말라야 등 상상만으로도 높고 벅찬 산을 수도 없이 올랐다. 그 성공 뒤에는 38번의 실패가 있었다고 한다. 그가 인간의 한계를 뛰어넘는 도전을 한다고 했을 때, 그리고 그 도전을 38번 실패했을 때 손가락질한 사람이 있었을까? 아무도 그에게 왜 성공하지 못했냐고 말할 수 없다. 거듭된 실패에도 불구하고 끊임없이 노력한 그 자체만으로 박수받아 마땅하다. 도전 그 자체만으로 대단하고 의미 있기 때문이다.

비단 우리가 알고 있는 유명한 사람이 아니더라도 이러한 인생의 모습은 평범한 우리 모두에게도 해당된다. 도전해서 성공할 수도 있고, 실패할 수도 있고, 실패했지만 또 다른 기회가 찾아올 수도 있다. 이미 이러한 삶의 기록을 만들어가는 것만으로도 잘 살고 있다는 증거이기도 하다. 때로는 고민하는 순간이 찾아오고, 좌절하는 순간이 올 수도 있다. 처음 생각했던 그 목표를 이루지 못할 수도 있고, 끝내 내가 원했던 꿈에 닿지 못할 수도 있다. 그런 위기의 순간과 터닝포인트를 거쳐서 전혀 생각지도 못한 인생이 펼쳐질 수 있다. 내가 꿈꾸고 바라던 것이 꼭 나에게 딱 맞는 옷이 아닐 수 있다. 생각하지 못했지만 나에게 더 잘 맞는 옷을 찾을 수 있다. 결국 조금 늦더라도 가장 잘 어울리는 옷을 입을 수 있다. 그리고 내가 원하는 길을 가지 못한다 하더라도 너무 낙심할 필요 없다. 좌절하고 주저앉기엔 아직도 많은 길이 남아 있다. 다시 또 몸을 일으켜 묵묵히 나의 길을 걷다 보면 또 다른 길이 보일 것이다.

우리의 인생은
날씨와도 같아서

면접관에게 성공적으로
어필하는 기술

면접은 생각의 전환이 필요한 관문이다. 누군가가 평가받는 괴로운 시간이라고 생각하지 말고, 진정한 나의 모습을 잘 보여줄 수 있는 가장 좋은 기회라고 생각을 바꿔보자. 내가 살아온 이야기, 내가 준비한 것들을 듣기 위해 사람들이 일부러 모였다. 마음껏 나의 목소리를 내보라고 면접관들이 마련해준 자리다. 그동안 내가 그 자리를 위해 얼마나 열심히 준비했고, 공부했는지 알려주면 된다. 다른 사람보다 그 자리에 내가 얼마나 적합한 사람인지 보여줄 수 있는 고마운 시간이다. 면접을 누군가에게 점수 매겨지는 딱딱한 시간이라고 생각하면 부담스럽고 스트레스로 느껴질 수 있다. 반대로 내가 지원하고 싶은 부서에 함께 일하는 선배들과 입사하기 이전에 소통할 수 있도록 특별히 마련된 시간이라고 생각을 전환해보면 어떨까? 면접이라는 단어가 주는 무게감을 조금 덜 수 있다. 그러면 이 소통의 시간을 어떻게 현명하게 보낼 수 있을까? 면접은 말 그대로 일방적인 것이 아닌 면접관과 내가 서로에 대해 알아보고 확인하며 대화할 수 있는 시간이다. 그러므로 그 시간을 헛되이 보내지 말아야 한다. 짧은 시간에 압축해서 효과적으로 면접관에게 나의 이야기를 들려주는 것이 중요하다. 그러기 위해서는 무엇보다 나에 대해 잘 파악하고 있어야 한다. 내가 하고 싶은 이야기를 장황하게 늘어놓는 것이 아니라 상대방이 나에 대해 궁금해할 것들, 짧은 시간에 나를 효과적으로 표현할 수 있도록 하는 것이 중요하다.

쑥스럽지만 자타공인 면접의 달인이다. 치열했던 초등학교 방송반 면접을 시작으로 수백 대 1이었던 대학교 수시전형 면접, 학교 홍보대사 선발 면접, 당시 대학생들의 1순위 대외활동이라 불리던 S그룹 대학생기자단 면접, 방송을 준비하며 봤던 수천 대 1의 면접 그리고 이번에 이직을 준비하며 본 면접까지. 삶의 중요한 순간들에는 늘 면접이 있었다. 덕분에 어떻

우리의 인생은
날씨와도 같아서

게 하면 조금 더 효과적으로 내가 준비한 것들을 면접에서 다 보여줄 수 있을지에 대해 수없이 고민했다. 오랜 시간들을 거치며 쌓인 나만의 노하우와 비법을 풀어보고자 한다. 면접관에게 성공적으로 어필하는 기술이 여기 있다.

1. 나만의 면접 노트를 준비하기

일단 면접을 잘 보기 위해서는 면접을 준비해서는 안 된다. 이 말은 초반에 1차 서류전형 합격에만 집중하느라 정작 가장 중요한 면접을 앞두고 허둥지둥 준비해서는 안 된다는 뜻이다. 면접은 갑자기 준비하는 것이 아니다. 면접은 일상 속 습관처럼 늘 준비하고 있어야 한다. 방송업계를 준비하는 학생이라면 특히나 창의적이고 눈에 띄는 면접 기술이 필요하다. 일반 기업을 준비하는 학생에게도 면접은 내가 가진 장점과 실력들을 한 단계 더 부각시킬 수 있는 좋은 기회가 된다. 그만큼 면접은 정말 중요하다. 면접은 직전에 갑자기 준비하고 문장을 외워서 발표하는 웅변 시험이 아니라, 내가 살아온 삶에 대한 이야기를 풀어가는 '대화'다.

어떤 시험을 앞두고 있거나 중요한 면접을 준비 중이라면 노트 한 권을 사서 나만의 면접 노트를 만들어라. 그곳에 내가 무슨

1장

음식을 좋아하고, 평소 어떤 습관이 있고, 무엇을 잘하는지, 어떤 가치관을 가지고 살아가는지 계속해서 업데이트해 적어두어야 한다. 그것들이 모여 본인의 다양한 호기심과 관심들이 왜 해당 직무, 해당 기업에서 일하고 싶게 되었는지를 설명해주는 근거가 될 것이다.

생각보다 사람들은 내가 가고자 하는 기업, 연구소나 시사 상식에 대해서는 깊이 있게 탐구했을지 몰라도 본인에 대해서는 정작 잘 모르는 경우가 많다. 면접을 잘하기 위해서는 나에 대한 탐구를 수시로 해나가는 것이 중요하다. 면접관이 좋아하는 영화를 물었을 때 남들이 다 하는 뻔한 답변을 하는 것이 아니라, 진짜 내가 평소에 적어뒀던 좋아하는 영화를 답하는 것이 좋다. 누구나 할 수 있는 답변이 아닌, 나만의 진정성 있는 이야기를 들려주면 된다. 그래서 면접에 정답은 없으며, 진심이 담긴 커뮤니케이션을 통해 솔직한 나를 보여주는 것이 이상적인 면접이라고 할 수 있다.

따라서 수시로 나에 대해 탐구하고, 나의 일대기를 정리하여 노트에 적어두면 절대 잊어버리지 않고 필요한 순간 나만의 색깔을 잘 드러내는 답변을 할 수 있다. 또한 노트에 적어둔 데이터들은 면접이 잡혔을 때, 허둥지둥 면접 스터디를 한다거나, 인

우리의 인생은
날씨와도 같아서

터넷에서 면접 답변을 검색해보는 대신에 그 노트를 꺼내어 적어두었던 나의 지원 동기와 관심사, 다짐 등을 정리해보면 된다. 그것을 바탕으로, 내가 가지고 있는 실무적인 역량들과 특기들을 지원한 회사와 연관 지어서 전문적인 내용을 더 첨가하면 된다. 단순히 암기해서 준비한 면접은 한 번 정도는 넘어갈 수 있지만 면접 차수가 높아지거나, 돌발 질문이 나왔을 때, 예상치 못한 상황에 부딪쳤을 때 당황하게 되거나 진정성을 잃어버리게 된다.

2. 구체적이고 재미있게 나의 이야기를 들려주기

나에 대한 구체적인 예시와 설명은 면접관이 나를 더 관심 갖게 도와준다. "저는 비타민 같은 사람입니다"가 아니라 "저는 우울한 친구들을 10분 안에 웃게 만들어주는 친구들의 비타민입니다"여야 한다. 옆의 지원자도 할 수 있는 뻔한 미사여구를 인용하는 것이 아니라, 내가 아닌 다른 지원자가 몰래 뺏어가서 답할 수 있는 문구가 아닌 정말로 내가 가지고 있는 구체적인 장점과 특징들을 예시와 함께 말할 수 있어야 한다. 본인이 왜 꼭 뽑혀야 하는지, 내가 이 회사에 들어오면 무엇을 할 수 있는지 말할 수 있는 준비가 되었는가? 신입사원이라면 부족하고 모르는 것이 많은 게 당연하다. 중요한 것은, '비록 아직은 부족할지라도' 내가 가지고 있는 '여러 장점들' 그리고 '열정과 간절함'으로 회사에 기여할 수 있는 것들이 있다는 것을 보여주어야 한다. 그 가능성은 구체적인 나의 성실한 인성, 부지런한 삶의 태도 등을 통해 드러낼 수 있다. 회사에서는 실력이 동일하다고 가정했을 때, 함께 일하기 좋은 사람을 뽑고 싶어 한다. 그러기 위해서는 과장된 말투나 몸짓, 장황한 표현은 지양하는 것이 좋다. 거창한 비유들로 나를 포장하기보다는 구체적인 예시들을 바탕으로 내가 살아온 이야기를 들려주자.

3. 무조건 두괄식과 짧은 문장으로 말하기

세 번째는 기술적인 요소다. 면접관들은 내 이야기에 관심을 가지고 재밌게 들어주는 부모님이나 나의 연인이 아니다. 심지어 소개팅 상대도 아니다. 그렇기 때문에 여유롭게 내 이야기를 끝까지 다 들어주지 않는다. 냉정하게 들릴지 모르겠지만 이야기가 길어지면 다른 생각을 할 수도 있고, 다른 지원자를 떠올릴 수도 있고, 심지어 하품을 할 수도 있다는 것을 명심하자. 그래서 요점만 간단히 두괄식으로 말해야 한다. 그리고 간결한 문장으로 이어 나가야 한다. 단, 여기서 주의해야 할 것

우리의 인생은
날씨와도 같아서

은, 말을 할 때의 표정과 느낌은 소개팅 상대를 상상하는 것이 필수! 면접을 볼 때에도 마음에 드는 소개팅 상대를 보듯 행복한 표정과 온화한 미소를 짓는 것이 중요하다. 웃는 얼굴에 침 뱉지 않을 것이다. 계속 이야기하고 싶게 만드는 눈빛으로 대화를 해야 한다. 그러면 면접관이 계속해서 당신에게 말을 걸고 싶을 것이다.

4. 대화를 차분하게 이어 나가기

네 번째는 면접으로 인해 긴장되는 마음과 상황을 스스로 충분히 인정하고, 차분하게 대화를 이어 나가야 한다. 그리고 설사 내가 생각한 것과 다른 방향으로 이야기가 전개되어 당황스럽더라도 말의 끝맺음을 잘해야 한다. 압박 질문이 들어온다 하더라도, 침착하게 심호흡을 하고 생각을 정리한 뒤에 대답하는 것이 좋다. 면접을 보다 보면 준비한 것들이 생각나지 않고, 긴장이 되는 것은 당연하다. 또한, 꼭 붙고 싶다는 마음이 너무 간절하다 보면 아는 것도 대답하지 못하는 경우도 있고, 할 말이 생각나지 않을 수도 있다. 그럴 때는 횡설수설 앞뒤가 맞지 않는 말들을 주절주절 늘어놓는 것보다는 "제가 합격하고 싶은 마음이 간절해서 잘 생각이 나지 않습니다. 10초만 생각할 시간을 주시면 바로 답하도록 하겠습니다"라고 말하며, 숨을 고르는 것이 좋다. 면접장에서 긴장되고 떨리는 것을 이해하지 못할 사람은 없다. 정중하게 양해를 구하고, 마이너스 되지 않을 꼭 필요한 말을 아껴가며 하는 것도 괜찮다. 그러면 더 인간적으로 보일 것이다. 혹은 도저히 답변이 생각나지 않을 때는, "제가 긴장이 많이 됩니다. 잘 준비해서 다음번 면접에 오면 꼭 그 질문에 답하겠습니다"라고 재치 있게 넘기는 것도 괜찮다.

5. 질문의 의도 생각하기

다섯 번째로는 면접관이 나에게 도대체 왜 이 질문을 했는지 먼저 생각해야 한다. 인터넷에 떠도는 많은 면접 답변들이 있지만, 실제 면접장에서 내가 준비한 예상 질문이 나오지 않을 확률이 더 높다. 그래서 다짜고짜 면접 예상 답안을 연습하는 것이 아니라 면접관 마음에 들어가보자. 그리고 그가 원하는 대로 답변을 상상하고, 준비해보자. 우리가 평소 면접을 준비할 때 예상 질문 리스트를 보면, 내가 좋아하는 것? 취미? 이런 것은 왜 물어보지? 하고 이해하지 못하는 사람들이 있다. 면접은 결국 '함께 일하고 싶은 사람', '지금 현재 구하는 자리에 적합한 사람'을 뽑는 과정이다. 내가 좋아하는 것이나 취미는

우리의 인생은
날씨와도 같아서

이 사람의 됨됨이나 어떤 사람인지, 진정성이 있는 사람인지를 보는 과정이며, 누구나 하고 싶은 뻔한 책 읽기라는 답변을 기대하는 것이 아니다. 평소에 어떤 취미를 가지고 일과 삶의 균형을 맞추고 있는지가 궁금하거나 취미를 통해 어떤 자아실현을 하는 사람인지가 궁금했을 것이다. 혹은 정말 취미가 궁금해서 물어봤을 수도 있다. 그래서 면접은 정해진 답변이 없기 때문에 상황에 따라서 나의 생각과 나의 이야기들을 들려주면 된다. 단점을 물어보는 질문은 비록 나에게 이러이러한 부족한 점들이 있지만 극복하기 위해 많은 노력을 하고 있다는 것을 알려주면 된다. 나는 다양한 경험들을 해왔고, 곁에는 좋은 사람들이 있고, 긍정적인 사람이기 때문에 비록 처음에는 부족하고 잘몰라도, 가르치고 알려주면 잘 배울 수 있고, 함께 즐겁게 일할 수 있는 사람이라는 것을 보여주면 된다. 나에 대해 알고 싶은 그들에게 내가 가진 많은 장점들과 무한한 가능성들을 답변 곳곳에 녹여 보여주면 된다.

6. 마지막까지 지켜본다는 생각으로 행동하기

면접장에 들어가는 순간부터 나올 때까지 늘 누군가 지켜보고 있다는 마음으로 행동해야 한다. 가식적으로 행동하라는 것이 아니라, 그만큼 온몸과 마음을 집중하라는 의미다. 나는 면접을 보러 간 건물에 도착하는 순간부터 걸음걸이, 표정, 눈빛까지 긴장하며 신경 썼다. 화장실도 더 깨끗하게 사용하고, 누가 보지 않아도 쓰레기를 주워 휴지통에 버렸다. 1층 로비에서 마주치는 경비 아저씨께 인사를 드렸고 내부에서는 함부로 통화를 하거나 이야기하지 않았다. 그만큼 간절하게 진심으로 행동했다. 면접장에서는 너무나 간절하게 입사 의지를 밝히고, 건강한 청년인 것을 어필하였는데 나와서 욕을 한다거나, 전화로 상스러운 말을 한다? 이것은 너무 어불성설이다. 내가 면접장에 가서 마주칠 사람들을 1층 로비에서 만날 수도 있고, 내가 휴지를 건넨 이가 나의 면접관일 수도 있다. 사람은 언제 어떻게 마주칠지 모르기 때문에, 정말 간절히 가고 싶은 곳이라면 면접의 시작부터 끝까지 최선을 다해야 한다.

우리의 인생은
날씨와도 같아서

2장

해볼 걸 후회하지 말고
시작해볼 것

1등 할 필요가 있을까?

계절이 바뀌거나 철이 바뀔 때를 일컬어 '환절기'라고 한다. 우리나라에는 크게 두 번의 환절기가 찾아오는데 여름에서 가을로 넘어갈 때 그리고 겨울에서 봄으로 넘어갈 때라고 생각하면 된다. 봄으로 넘어가는 환절기에는 낮에는 따뜻해도 아침저녁으로는 기온이 급격히 떨어지고, 여름에서 가을로 넘어가는 환절기에는 밤에 급격히 추워진다. 특히 환절기에 알레르기성 비염으로 고생하거나 감기에 걸리는 사람들도 많다. 그래서 이 시기에는 건강 관리를 초반부터 신경 쓰는 것이 중요하다. 기온이 들쑥날쑥 급격하게 자주 바뀌기 때문에 날씨가 바뀌

해볼 걸 후회하지 말고
시작해볼 것

는 초반부터 복장에 신경을 써야 하고 큰 일교차에 면역력이 약해지지 않도록 건강을 잘 챙겨야 한다.

이렇게 계절의 첫 시작에도 우여곡절이 있는데, 우리 일상에서 새로운 도전으로의 발걸음을 떼는 시작이 어렵고 힘든 것은 당연하다. 계절이 한 번씩 바뀔 때마다 몸도 마음도 요란해지는데, 내 마음이 시작하려고 하면 누구나 두렵고 무섭다. 첫 발걸음을 떼는 것은 누구에게나 쉽지 않다. 마음에도 준비가 필요하다. 하지만 1등 할 필요가 없기 때문에 일단 발걸음을 떼보는 것이 중요하다.

나는 체력을 키워야겠다고 마음을 먹었으면 바로 헬스장 등록부터 한다. 아나운서 준비를 할 때도 목소리가 작다는 이야기를 많이 들어서 바로 노래학원과 판소리 수업을 등록했다. 처음부터 너무 다 잘해야겠다고 생각하면 시작하는 것조차 부담스러워진다. 일단 무엇이든 시작을 하면 방법을 대충 파악할 수 있고, 그 후에는 꼭 무리하거나 시간을 많이 투자하지 않아도 그 분야에서 남들보다 더 많이 알 수 있다. 그렇게 조금씩 나의 지식과 활동 범위를 넓혀 나가면서 능력을 쌓아가면 된다.

원하는 것을 후회 없이 일단 시작해보자. 완벽할 필요

는 없다. 꼭 1등을 할 필요도 없다. 중요한 것은 시작했다는 그 자체이고, 스스로에게 느끼는 만족이기 때문이다. 걱정하고 두려워하기만 하면 몸은 편하겠지만 마음은 계속 불편할 것이다. 결국 계획을 실행하지 못한 나의 모습에 자책하고 후회가 될 것이다. 운동을 예약해 놓고 막상 가기 전까지는 더 누워 있고 싶고, 쉬고 싶은 마음이 간절하지만 막상 자리를 박차고 일어나서 운동을 하고 돌아오면 몸이 개운하고 뿌듯함을 느낀다. 즉 해야할 것을 알면서도 차일피일 미루다 보면 결국 그 일은 영영 시작하지 못하게 될 수도 있다.

시작하기 두려워하는 데는 여러 가지 이유가 있다. 시작했다가 실패할 수도 있다는 막연한 불안감과 두려움 그리고 내가 과연 이 일을 해낼 수 있을지에 대한 불신이다. 내가 나를 믿지 않으면 누가 나를 믿을까? 나이가 많다는 이유로, 안정적인 직장이라는 이유로, 잃을 것이 많다는 이유 등은 모두 핑계다. 안전한 항구에서 벗어나 과감하게 도전해봐야 바다가 생각보다 잔잔하다는 것을 알게 될 것이며, 더 넓은 세상이 있다는 것을 깨달을 수 있다. 간직해온 꿈들을 하나하나 실현해보며 모험을 하다 보면 생각지도 않은 또 다른 넓은 길이 보일 것이고, 그 길을 따라가다 보면 내 꿈의 한계는 점점 더 작아질 것이다.

해볼 걸 후회하지 말고
시작해볼 것

그래서 나 역시 그 길이 비록 안전하지 않을지라도 더 멀리 항해해야겠다고 생각했다. 종착지는 어디가 될지 모르지만, 지금 있는 이곳에서 마침표를 찍고 싶지는 않았다. 기상캐스터를 하다가 지금 모니터 앞에 앉아 업무 챙기기에 바쁜 직장인이 될 줄은 나도 몰랐다. 남들이 가지 않은 길이었고 누구도 시도해보지 않았던 상황들이었다. 일단 해야겠다고 느꼈고, 내 스스로 느낀 문제 의식과 변화의 필요성을 매 순간 느꼈기 때문에 시작하지 않을 수 없었다. 누구의 도움도 없었고, 혼자 마주하고 헤쳐나가다 보니 앞날을 예측할 수도 없었다. 막상 시작은 했지만 확실하지 않은 상황, 정확히 어떻게 나아가야 하는지 잘 몰라 고민에 잠기고, 캄캄했던 시간들도 있었다. 하지만 지금은 새로운 길을 홀로 씩씩하게 걸어가고 있다. 맞는지는 모르겠지만 일단 가보는 중이다.

도전에는 등수가 매겨지지 않는다. 새로운 도전에 발을 떼고 시도한 2등, 3등, 그리고 꼴등에게도 모두 박수를 보내야 한다. 등수가 무슨 의미가 있을까? 시작하는 것만으로도 의미가 있다. 성공하는 사람들의 공통점은 가만히 머물러 있지 않고 무언가를 시도했다는 것이다. 시작을 했기 때문에 이뤄낼 수 있다. 생각하고 상상하는 사람은 수도 없이 많다. 하지만 정말 발을 떼고, 자리를 박차고 일어나 실행에 옮겨 현실로 만드는 사람은 많지 않다. 그래서 시작이 정말 중요하다. '시작이 반이다'는 말이 괜히 나온 것이 아니다. 시작을 잘하는 것만으로도 계속 도전할 수 있는 용기의 원동력이 된다. 생각하던 일이 잘 되지 않아도, 다시 시작하면 된다는 마음, 그리고 하던 일을 과감히 멈추고 새롭게 시작해볼 용기를 갖는 것. 모두 시작이 매우 중요하다.

시작을 잘하고 싶다면, 일단 시작한다는 것에 대해 너무 거창하게 생각할 필요가 없어야 한다. 모든 것이 완벽하게 준비된 상태에서 시작할 필요가 없다. 시작하고 시간이 지나면 자연스럽게 준비가 되고 무엇을 해야 할지, 어떻게 어떤 식의 방향성을 잡아야 할지가 보인다. 내가 하고 싶은 것, 꿈꾸고 싶은 것을 이미 이룬 사람의 SNS를 본다든지, 글을 읽어 본다든지 가볍게 침대 위에서 할 수 있는 것부터 시작해보면 도움이 될 것이다. 꿈에 가까이 간 사람들은 어떻게 살고 있는지, 어떤 방법을 거쳤는지 보면서 좀 더 구체적으로 시작하고 싶은 용기를 가져다줄 것이다. 그런 다음 본격적으로 시작 이후의 다음 스텝을 준비하면 된다. 시작하지 않으면 정말 아무 일도 일어나지 않는다. 실패도 시작을 해야 할 수 있고, 도전도 시작이 있어야 가능하다. 아무 일도 하고 싶지 않으면 시작하지 않으면 된다. 대신, 그렇게 살기엔 인생이 너무 아깝다는 생각이 들지 않는가? 시작은 거창할 필요가 없기 때문에 여러 번, 자주 그리고 많이 할수록 좋다. 다양한 분야에서, 그리고 꼭 시작의 끝을 완성할 필요는 없다는 편한 마음으로 부담을 줄이면서 여러 가지를 동시에 시작해보는 것도 괜찮다. 그러면 그중에 하나라도 나에게 가장 잘 맞는 것을 꾸준히 이어 나갈 수 있고, 더 깊이 흥미를 찾을 수 있다. 그렇다면 시작을 잘하는 법은 무엇일까?

자리를 박차고 일어나 일단 실행한다

말로만 거창하게 이야기하는 사람은 수없이 많다. "어? 나도 그거 하고 싶은데", "나도 그거 하려고 하는데", "선배, 저도 그거 고민 중이에요"라고 말하지만 실제로 실행하는 사람은 결코 많지 않다. 내가 가진 큰 장점 중 하나는 시작을 잘한다는 것이다. 나는 남다른 실행력과 추진력을 가지고 있다. 일단 마음을 먹으면 무조건 한다. 그리고 내 입으로 뱉은 말은 무조건 꼭 한다. 그게 지금의 나를 있게 한 원동력이다. 누군가와 만나기로 하면 꼭 만나고, 고민이 있으면 일단 알아보고, 가기로 했으면 간다. 하기로 하면 꼭 한다. 꼭 먹어봐야 똥인지, 된장인지 구분할 수 있냐는 말이 있는데 나는 먹어볼 만한 충분한 가치가 있다고 생각한다. 그래야 다시는 안 먹거나 또 먹을 수 있다. 집요한 실행력과 과감한 추진력이 나를 더 시작할 수 있도록 이끌어주었다. 일단 마음을 먹었으면, 할 수 있는 방법을 고민하고, 구체적인 실현 방법을 나의 상황에 맞게 설계한다. 이후에는 정보를 수집하고 방법을 찾는 과정인데, 조금 복잡하고 귀찮을 수 있지만 오히려 편하다. 노력만 하면 되기 때문이다. 결과가 조금 나쁘더라도 돌이켜 후회하는 것보다는 해보는 것이 정말 낫고, 맞다.

목표는 최대한 낮게 잡는다

거창한 목표를 잡으면 지레 겁이 나서 시작하기도 무서워진다. 목표를 최대한 낮게 잡고 일단 해보는 데에 의의를 두자. '내가 지금 하고 있는 일을 언제까지 할 수 있을지', '내가 지금 하고 있는 일이 10년, 20년 후까지 가능할까?' 한 가지 일만 하고 살기에 인생은 너무 길다. 그래서 우리는 다른 일을 할 수 있는 준비를 미리미리 해야 한다. 그러기 위해서 다양한 분야의

해볼 걸 후회하지 말고
시작해볼 것

여러 역량을 키우는 것이 매우 중요하다. 도전하는 모든 일에 너무 높은 목표를 세워서 1등 하려고 애쓴다면, 매번 새로운 일을 꿈꾸는 것이 어려울 수 있다. 1등에 연연하지 말고 내 마음속 1등이 되는 것이 중요하다. 모든 것에 최선을 다하면 된다. 힘이 닿는 데까지 후회 없이 해보는 것, 그게 최선이다. 그래서 일단 해보는 것이 좋다. 시야를 넓혀 가능한 한 관심사와 흥미를 확장시키고 좋아서 하는 일이라는 생각으로 모든 일을 대한다면 꼭 뛰어나지 않아도 시간이 지나면 점차 잘할 수 있게 된다.

처음부터 잘하는 사람은 없다. 너무 과한 기대를 내려놓자. 중고등학교 시절에도 매번 1등을 한 것은 아니었지만 누구보다 열심히 살았다. 모든 것에 뛰어나진 않았지만, 내가 잘하는 것이 있었고, 성실했고, 후회 없이 공부했다. 대학생 때도 1등을 한 것은 아니지만, 누구보다 행복한 시절을 보냈다고 자부할 수 있다. 하고 싶은 것을 마음껏 다 해봤으니까. 최고의 기상캐스터였는지는 모르겠지만, 특별한 기상캐스터였다고 생각한다. 매일의 날씨도 다양하게 표현하려고 애썼고, 진심으로 나의 친구, 가족에게 알려준다는 마음으로 방송했다. 그래서 나도 내 일을 좋아하고, 사람들에게도 사랑받을 수 있었다. 매번 방송마다 시청률 혹은 시험으로 등수를 매겼다면 즐기며 방송할 수 없었을 것이다. 방송이 좋았고, 재밌었고, 그래서 잘하고 싶었다. 지금 돌이켜 보면 방송국에 합격해 처음 방송을 시작했을 때를 생각하면 정말 많이 부족했다는 것을 느낀다. 처음엔 당연히 서툴고, 부족하고, 어렵다. 그럼에도 불구하고 하다 보면 시간이 지날수록 실력이 쌓여서 잘할 수 있게 된다.

회복탄력성을 높인다

시작했더라도 당연히 중간에 멈출 수 있다. 하다 보면 잘되지 않을 수도 있다. 자신감을 가지고 시작했지만 환경이나 상황이 따라주지 않아서 좌절할 수도 있다. 대신 회복탄력성을 키우면 된다. 회복탄력성이란 스트레스나 역경에 대처하고 시련을 견뎌낼 수 있는 능력을 뜻하는데, 역경이나 어려움 속에서도 다시 시작할 힘을 기르는 것이다. 시작해 보기도 전에 실패할까 봐 걱정돼서 하지 않는 것이 가장 비겁하다. 잘되는 일보다 안 되는 일이 세상에는 더 많다. 그때는 숨을 고르고 다시 시작하면 된다. 그렇게 여러 과정을 거쳐서 딱 한 번만이라도 잘되었으면 그걸로 된 것이다. 결국 본인의 의지와 용기만 있으면 다시 일어날 수 있다. 방 안에만 웅크리고 있으면 아무 일도 일어나지 않는다. 동화에서처럼 내 마음을 누가 읽어주고, 막연하게 머릿속으로 꿈만 꾸고 있으면 요술램프 지니가 찾아와 꿈을 꺼내어 실현시켜 주지 않는다. 무엇이든 일단 시작하고, 부딪치고, 실패하고, 이겨내보자.

만약 내가 방송 활동이 편해졌고, 익숙해졌다는 이유로 계속 방송을 했다면 어떻게 되었을까? 방송 활동을 15년, 20년 한 전소영으로 기억될 것이다. 뜻한 바가 있었고, 생각한 것이 있었기 때문에 도전을 시작할 수 있었다. 그래서 방송만 한 전소영이 아니라, 방송 활동을 하다가 새롭게 도전한 전소영이 되었다. 시작하지 않았다면 나는 평생 기업에서는 어떻게 일을 하는지, 무슨 일을 하는지, 그토록 궁금하고 해보고 싶었던 인사팀의 업무는 어떻게 이루어지는지 알 수 없었을 것이다. 방송국에 대해서는 속속들이 다 알았지만 일반 기업에 대해서는 책에서, 친구들을 통해서 듣는 게 전부였을 것이다. 하지만 이제는 다 해봤기 때문에 후회가 없다.

집 밖을 뛰쳐나와 뭐라도 시작해야 에피소드가 생기고, 실패할 수 있고 경험치가 쌓인다. 반복되는 그 과정들을 통해 한 단계씩 안팎으로 성장할 수 있으며 이런 내공들이 차곡차곡 모여 새로운 꿈을 가능하게 해준다. 한 번 도전했다고, 목표한 일을 이루었다고 끝이 나는 것도 아니다. 뭔가를 이루고 난 그 후에 또다시 시작하고, 부딪치며 시련을 이겨내고 또다시 시작한다. 그리고 다음 스텝을 향해 나아갈 수 있다. 오감을 열어 부딪치고, 경험하고, 느끼고, 배워야 한다. 당장 오늘부터 실행해보자. 자리를 박차고 일어나 일단 시작해보자. 이런 작은 시작들이 모여 삶이 더 풍부해지고, 경험이 쌓이고, 실패의 가능성을 낮출 수 있다.

무엇이든
중간만 하면 된다

　퇴근하고 집에 오면 아무리 피곤해도 일단 다시 집 밖을 나선다. 업무에 지친 몸을 이끌고 다시 밖으로 나와 요가를 하고 운동을 한다. 몸은 격하게 아무것도 하고 싶지 않다고 외치지만 어떻게든 시간을 내어 친구들과의 약속을 챙긴다. 부족한 시간을 쪼개 취미 생활을 하고 무언가를 배우려는 모든 노력들. 누가 시켜서 한 것도 아니고, 힘들고 피곤하지만 그럼에도 불구하고 꼭 해내는 이유는 현재와 미래의 나를 위해서다. 회사가 내 삶의 전부가 될 수는 없다. 일하는 시간에는 최선을 다해 일하는 것이 중요하지만 자투리 시간들 그리고 퇴근 후에 시간을 어떻게 알차게 활용하는지가 성공적인 N잡러의 시작이다. 우선 욕심을 좀 부리고 부지런해져야 한다. 많은 것들을 해내고 싶은 마음이 있다는 것만으로도 일단 나쁘지 않다. 시작이지만 마음을 좀 더 강하고 굳게 먹어야 한다. 시간은 한정적인데 해야 할 것은 너무나 많기 때문에 게으르면 이도 저도 아니게 된다. 남들보다 좀 더 스스로에게 욕심을 내서, 부지런히 시간을 써야 한다. 그래야 많은 일들을 한꺼번에, 그리고 동시에 잘 해낼 수 있다.

　　회사의 친한 선배 중 한 분은 취미로 시작한 요가에서 큰 흥미와 재능을 느껴 시간을 쪼개 퇴근 후에 요가 강사로도 활동하고 있다. 평생을 뻣뻣하게 사셨는데 깊이 명상하고 호흡하고 몸을 이완하는 요가의 매력에 푹 빠졌다고 한다. 그리고 남들보다 빠른 시간에 더 큰 재능을 보였기 때문에 요가학원에서도 선배님에게 그런 제안을 한 게 분명하다. 아무것도 하지 않았으면 그런 재능이 있는 줄 누가 알았겠나. 농담 반, 진담 반으로 선배님은 회사 그만둬도 요가 강사 할 수 있어서 부럽다고 축하의 말을 전해드렸다. 회사 외의 다른 일들을 찾기 위해서는 그만큼 다양한 것을 시도해보고, 도전해보는 과정이 필요하다. 그래서 회사에 종일 묶여 있다가 퇴근하면 피곤하지만 오늘도

해볼 걸 후회하지 말고
시작해볼 것

지친 몸을 이끌고 나도 계속 무언가 하려고 안간힘을 쓰고 있다. 반드시 그 시간은 나에게 무언가를 남겨줄 것을 알기 때문이다.

바야흐로 N잡러 시대다. 유행처럼 '부캐' 하나쯤은 가지고 있다. 의사인데 사업을 하고, 요리사인데 예능에 출연한다. 낮에는 직장인이지만 밤에는 술집 주인이 되기도 한다. 평생 직장이 없는 시대인 만큼 다양한 분야에 관심을 가지는 사람이 늘고 있다. 한 가지에 깊게 파고드는 것도 좋지만, 시야를 넓혀 관심사를 확장시키면 세상이 다르게 보인다. 주위를 둘러보면 무궁무진한 여러 일들이 펼쳐진다. 그래서 한 가지 일에만 너무 안주하지 말아야 한다. N잡러 열풍은 그만큼 내가 가지고 있는 관심과 흥미 그리고 역량을 마음껏 발휘할 수 있다는 의미이기도 하다.

성공적인 N잡러가 되기 위한 가장 기본적인 원칙은 완벽해야 한다는 강박에서 벗어나는 것이다. 대부분의 사람들은 시작도 하지 못하고 포기하는 경우가 많다. 특히 20대라면 해보고 싶은 일들을 망설이지 말고 다 해보기를 추천한다. 30대여도 괜찮고, 40대도 늦지 않았다. N잡러를 꿈꾸는 이들의 특징은 현재 진행하고 있는 일이 이미 많고, 준비할 것이 많고, 하고 싶은 것이 너무나 많다는 것이다. 이 모든 것을 다 본인이 통제하는 것은 불가능하다. 100% 완벽할 수 있다면 좋겠지만 우리는 로봇이 아니다. 우리가 부족해서가 아니라 현실적으로 어렵다. 그래서 무엇이든 중간만 하면 된다.

새벽 4시 출근, 방송, 행사 MC, 대학원 조교를 병행하며 일반 대학원 석사과정을 4학기 만에 마쳤다. 체력도 약한 말라깽이가 어떻게 이 살인적인 스케줄을 다 감당할 수 있었을까? 다들 안 될 거라고 했고 어려울 거라 했지만 결국 해냈다. N잡러의 기본 원칙을 지켰기 때문이다.

제1원칙, 중간만 하자

너무 완벽히 다 잘하려고 할 필요는 없다. 그러면 시작한 지 얼마 지나지 않아 지쳐버리게 된다. 예전에는 다 잘하려고 하다 보니 사소한 취미 생활도 오래 지속하기가 어려웠다. 뭘 시작하기만 하면 끝을 보려고 하니까 힘이 너무 많이 들어갔고, 욕심이 자꾸 커지는 스스로를 보게 됐다. 즐기려고 시작했

해볼 걸 후회하지 말고
시작해볼 것

던 취미나 일도 스트레스가 되고 부담이 됐다. 도전을 하려고 해도 하나에 너무 몰입하게 되면 다른 것들까지 챙기기가 버거워지고 열심히 몰두한 그 하나마저도 잘 되지 못할 수도 있다. 특히 방송과 공부를 병행하면서 두 마리 토끼를 잡으려고 하다 보니 체력적으로도 정신적으로도 쉽지 않았다.

특수대학원이 아닌 일반 대학원이었기 때문에 전업으로 대학원 공부에 몰두하는 학생들만큼의 공부를 해야 했고, 방송은 나의 주 업이다 보니 최선을 다해야 했다. 칭찬받을 욕심은 둘째치고 욕이라도 먹지 않게 노력했다. 혹시라도 두 개 분야 중에 하나라도 소홀하다는 이야기가 나오거나 열심히 하지 않는다는 오해는 받기 싫었다.

일주일에 대학원 과목이 3과목, 논문은 보통 한글, 영문 버전 합해 최소 열 개 정도를 읽어야 한다. 논문을 읽을 때 첫 페이지부터 끝까지 하나하나 밑줄을 그으며 다 이해하며 읽어야 한다는 욕심부터 버렸다. 안 그러면 시작부터 두려워지고 읽어야 하는 논문을 시간 안에 다 커버하기도 힘들다. 그래서 전체적인 맥락을 파악했고, 중요한 부분은 따로 정리해뒀고, 이해가 안 되고 너무 어려운 논문은 과감히 포기했다. 대신 내가 관심이 있는 논문은 좀 더 주의 깊게 읽었다. 그리고 나의 연구 분야와 관련된 논문은 챙겨 읽고 따로 정리해두었다. 전업 대학원생으로서 연구하는 동료들보다 논문 이해의 깊이나 지식은 조금 부족할지 몰라도, 나의 연구 분야에 대해서는 확실히 전문가가 되려고 노력했다. 같은 것을 공부하고 쓰더라도 다른 사람들은 얻을 수 없는 현업에서 얻는 나의 사례와 경험들을 더 녹여내려고 애썼다. 이렇게 N잡러로서 나만이 가지는 장점들을 각 분야에서 활용하면 된다.

제2원칙, 결석, 지각은 절대 하지 말자

아무리 시대가 바뀌어도 시간 약속을 잘 지키는 것은 어떤 일이나 인간관계에 있어서도 중요한 기본 예의다. 가벼운 친구들과의 약속이든, 학교든, 회사든 사람들은 시간을 얼마나 잘 지키는지를 통해서 그 사람의 성실성과 진정성을 판단하게 된다. 시간 약속을 자주 어긴다고 해서 그 사람의 능력이나 인성을 폄하할 수는 없지만, 시간 약속을 잘 지키는 사람에게 마이너스가 될 요소는 절대 없다. 특히나 사적인 자리뿐만 아니라 공적인 자리에서의 시간 약속은 정말 중요하다. 아무리 바쁘고 할 게 많아도 누구나 지켜야만 하는 최소한의 N잡러의 기본 자

해볼 걸 후회하지 말고
시작해볼 것

세라고 생각한다. 지각이나 결석을 하지 않는 것은 어떤 핑계가 될 수 없는 너무나 당연한 것이다.

제2원칙을 잘 지켜야 N잡러에 대한 사람들의 신뢰와 존중이 쌓일 수 있다. 그렇지 않으면, "그럴 거면 뭐하러 저렇게 많은 일을 벌리냐", "뭐 하나 제대로 하는 것도 없으면서 N잡러 인 거냐"는 쓴소리를 듣게 될 수도 있다. 오랜 시간 새벽 방송을 맡아 거의 매일 새벽 4시에 출근했다. 전날 회식을 해도, 대학원 시험을 봤다 하더라도, 아프더라도 단 한 번의 지각이나 무단결근을 한 적이 없었다. 또한 방송과 병행하면서 고군분투했던 대학원에서도 단 한 번의 지각, 결석을 하지 않았다. 몇 번 결석하고, 지각하게 되면 점점 마음이 약해지고 헤이해질 수 있다. 목표에 대한 의지도 약해질 수 있다. 다른 부분에선 조금 마음을 편하게 먹고, 너무 스스로에게 부담을 주거나 스트레스를 받지 않으려고 노력했지만, 시간을 잘 지키고 결석하지 않는 것은 미련하다 싶을 정도로, 아파 죽어가도, 칼같이 지켰다. 시간은 개인의 됨됨이와 성실성을 보여주는 가장 기본 척도다. 이루고 싶은 목표가 있다면 절대 결석하거나 핑계를 만들지 않아야 한다. 절대, 시간 약속은 엄수하자.

제3원칙, 나와의 연결고리를 찾자

시간은 한정적이고 나의 몸은 하나밖에 없다. 욕심이 나겠지만 욕심을 부리되 과하지 말자. 마음만 앞서서 잘 헤아려 보지도 않고, 이것도 하고 저것도 하는 것은 N잡러가 아니다. 내가 정말 잘할 수 있는 것이 무엇인지 생각해 봐야 한다. 그리고 생각할 때 내가 그동안 좋아했거나, 과거의 경험에서 해왔던 일들과 연관이 있을수록 더 성공 가능성이 높아진다. 이런 경험은 압축된 시간에 내가 남들보다 더 능력을 발휘하기가 쉽다.

방송을 하면서 → 말하기를 좋아하니까 → 학생들을 가르치기. 이런 식으로 내가 가진 능력과 흥미를 토대로 실타래처럼 계속 풀어나가는 방식으로 찾아보면 된다. 학생들을 여러 번 가르치면서 내가 잘할 수 있는 일인지, 이 일에 흥미가 있는지, 방송과는 어떻게 다른지 비교하면서 좀 더 보완할 점을 찾아 나가려고 했다. 그리고 학생들을 가르치다 보니 연쇄적으로 또 공부를 더 해야겠다고 생각했다. 더 많이 가르쳐주려면 더 많이 알고 있어야 하기 때문이다. 그렇게 학생들 가르치기 → 공부 → 대학원에 가보자! 이런 식으로 연결고리를 뻗어나갈 수 있었다. 전혀 연관 없는 분야를 갑자기 시작하게 되는 것은 정보

해볼 걸 후회하지 말고
시작해볼 것

도 부족하고, 쉽게 접근하기가 어려울 수 있다. 내가 해왔고, 좋아했던 것들을 토대로 시작해보면 좀 더 수월하다. 누군가 'connecting the dots'라고 했던가. 그 점들을 이어 보면 비슷한 연결고리가 이어진다. 이를테면 요리를 배우겠다고 자격증을 따고 가게를 열면서, 갑자기 필라테스 강사가 되고 싶어서 도전하는 것은 미안한 말이지만 좀 쌩뚱맞다. 내가 하고 있는 일들을 이어 보며 마치 가지 뻗듯이 연관성 있는 새로운 분야를 찾아서 도전해보자.

제4원칙, 나 자신을 칭찬하자

나 스스로를 위한 격려와 칭찬은 아끼지 않을수록 좋다. 나는 방송과 공부를 같이 해내고 있는 나 자신을 스스로 소중하게 여겼다. 이미 하고 있는 일에 더해 또 다른 일을 할 마음을 먹은 나의 용기를 높이 사주는 것이다. 방송하는 것만으로도 나름의 스트레스와 체력적인 부담이 많은데, 공부까지 하느라 힘들었던 것도 사실이다. 시간을 쪼개야 했고, 하고 싶은 일을 조금 참아야 했고, 노는 것을 줄여야 했다. 잠도 줄였다. 불필요한 시간을 최소화하기 위해 조금 무리해서 움직였다. 주위 사람들의 격려와 응원도 큰 도움이 됐지만, 내 스스로 의미 있는 도전을 하고 있고, 많은 것들을 해내고 있다는 것을 의식하고 칭찬해주는 것이 버텨낼 수 있는 큰 힘이 되었다. 이러한 나 자신에 대한 믿음은 도전 과정에서 다소 힘들고 지칠 때가 오면 잘 이겨낼 수 있는 힘을 계속 불어넣어 주었다. 그래서 내가 나 스스로를 가장 아껴주는 것이 중요하다. 힘든 순간이 온다고 하더라도 많은 것들을 해내고 있는 내 자신을 마음껏 사랑해주고 격려해주자. 내가 나를 칭찬해주고, 기특하게 여기면 주변 사람들은 더 아낌없이 응원을 보내고 격려해준다. 뭐가 그렇게 잘났다고? 잘나고 못나고의 기준은 없다. 내 스스로에 대한 정성과 보살핌이 나를 만든다.

중간만 하려고 하다 보니 어느새 중간 이상은 되어 있었다. 중간만 하면 된다는 것은 한곳에 열정을 지나치게 쏟아부어 금세 지쳐버리는 것을 피하자는 의미다. 초반에 너무 힘을 빼면 오래갈 수 없다. 관계에서도 일에서도 마찬가지다. 장기적으로 멀리 보고, 마음을 좀 편하게 먹고, 기본 이상만 하자는 마음을 먹어야 한다. 완벽하게 해야 한다는 생각은 오히려 사람을 더 조급하게 만들고, 과한 욕심을 가지게 한다. 실수 없이 해야 한다는 생각은 마음의 부담을 쌓게 되고, 결국 본인이 하고 있는 일들이 하고 싶어서 하는 것이 아니라 어느 순간 부담과 스트레스로 남게 된다. 그러면 결국 중간도 못하게 될 위험성에 빠질 수 있다.

중간만 하면 된다는 것은 무엇이든 대충해야 한다는 것이 아니다. N잡러임을 본인 스스로 인정하고, 기본 원칙을 지키면서, 본인이 할 수 있는 범위 안에서 최선을 다하는 것이다. 용기 있는 선택에는 엄청난 책임이 따르기 때문이다.

당신의 직업에 대한
열정을 가지고 있나요?

　　열정이라는 말을 떠올리면 많은 이들이 무더운 여름철에 끓는 듯한 더위를 떠올릴지 모른다. 특히 기상 정보를 전했던 많은 시간들 중 2018년의 여름은 잊을 수가 없다. 한국에서 전례가 없던 역대 최악의 폭염이 이어졌던 시기이기 때문이다. 우리가 있는 이곳이 한국인지, 아프리카인지 구분이 되지 않을 정도로 관측 역사상 최악의 폭염을 기록했다. 한 자료에 따르면, 서울특별시 39.6℃, 강원도 홍천군 41.0℃라는 기상 관측 이래 역대 공식 최고기온을 기록하기도 했다. 이래도 열정이 단순히 뜨거운 것을 가리키는 것일까? 열정은 뜨겁다기보다는 식

해볼 걸 후회하지 말고
시작해볼 것

지 않는, 오히려 오래가는 잔잔한 서늘함일 수도 있다. 너무 지나치지도 넘치지도 않는 적당한 애정과 소중함, 성실함 정도로 표현하고 싶다. 사회에서 통념적으로 규정지은 성공 말고, 인생에서 진정한 성공은 내가 하고 있는 일을 좋아하고, 함께하는 사람들과 행복할 수 있는 것 아닐까? 결국 성공의 기준도, 행복의 기준도 내 마음에 달려 있다. 정확히 성공이 무엇인지에 대해 정의 내릴 수는 없지만, 하고 있는 일에 열정을 다하고, 내가 하고 싶은 일을 할 수 있는 것이 비로소 성공이라는 느낌에 조금 가까워졌다고 느낀다.

왜 그렇게 사서 고생하냐는 소리를 많이 듣는다. 어렸을 때부터 들었던 것 같다. 나라고 철인도 아니고, 똑같은 사람인데 아무 생각 없이 TV 보는 것 좋아하고 노는 것도 잘한다. 계속 새로운 목표를 세우고, 도전의 과정을 반복하다 보니 체력적으로도 지칠 때도 있고, 누구 좋으라고 내가 이러고 있나 가끔씩 허무해지는 순간도 분명 있다. 물론 지금도 나는 계속해서 누가 시키지도 않은 일을 끊임없이 하고 있다. 사서 고생하는 이유 중에 여러 가지가 있지만, 내가 가진 모든 열정을 일에 쏟을 때 가장 행복하기 때문이다. 간혹 열정이 너무 과하다 보니 일 외적인 부분에서는 좀 서툴고 어리숙한 면도 있지만, 그만큼

하고 있는 일에 대한 에너지가 지금의 나를 있게 한 원동력이다. 흔히들 요즘은 적게 일하고, 많이 벌고, 본인의 삶의 질을 높이기를 바라고 애쓴다. 하지만 나에게 워라밸은 그리 중요하지 않은 항목이었다. 꿈을 이루는 것이 너무 중요했기 때문이다. 잠? 못 자도 되고, 휴식? 안 쉬어도 힘든 줄도 몰랐다. 새벽 5시 뉴스를 1년 넘게 진행하는 동안에는 친구들과의 저녁 약속, 오후의 일정들을 포기했고, 오랜 시간 이어 온 아침 출근길 뉴스에서도 매일 밤 20~21시면 잠들어서 새벽 4시에 출근했다. 휴일에도, 명절에도, 주말에도 거의 매일 방송했다.

몸은 정말 피곤했지만 피곤하지 않았던 이유는 내가 하고 있는 일에 대한 소명과 열정 덕분이었다. 즐거웠고, 재밌었다. 그토록 하고 싶던 일을 할 수 있어서 행복했다. 내가 맡은 방송이기 때문에 더 책임감을 느꼈다. 방송을 통해 전해지는 나의 한 마디, 한 마디가 미칠 파급력과 영향을 생각하며 늘 신중히 준비했다. 간절히 하고 싶던 일을 하고 있다는 것, 그리고 나만이 할 수 있는 일이라는 자부심이 열정을 더욱 크게 만들었다. 누구보다 열정 가득한 방송국 라이프였기에 더 후회 없이 방송국을 떠났지만 미련이 없었다.

거창한 일이 아니어도 내게 기회가 올 때마다 하고 있는 일들에 최선을 다했다. 그것이 곧 열정 아닐까. 남들이 다 알아주는 말라깽이였지만, 배구공을 손등으로 치는 수행평가를 위해 피멍이 들도록 연습했고, 운동장에 나가 밤마다 줄넘기 연습을 했다. 1초도 매달리지 못했던 오래 매달리기 종목도 피나는 연습으로 전교에서 가장 오래 매달리기도 했다. 열정은 이렇게 값으로 환산하는 것이 아니라 주어진 일들에 후회 없이 나의 온몸과 마음을 쏟는 것이라고 생각한다. 영어와 프랑스어를 계속 좋아했고 잊어버리고 싶지 않았기 때문에 대학생 때도 시간을 쪼개 계속 학생들을 대상으로 과외를 했다. 방송 활동을 하면서도 계속 틈틈이 과외 선생님을 자처했다. 그 시간에 놀고 싶고, 쉬고 싶었지만 열정을 쏟아붓는 시간들이 재미있었고 보람찼다. 결국 열정을 다한 나의 노력들이 내 스스로에 대한 투자로 이어졌다.

많은 꿈이 있었고, 많은 일들을 거쳐왔지만 그때마다 매 순간 하고 있는 일들에 열정을 다했다. 하고 싶던 일들이었고, 재밌었고, 발전하는 내가 느껴졌기 때문이다. 아무리 작은 행사장의 MC를 볼 때에도, 보수가 적고 힘이 드는 일이어도 열정을 쏟았다. 나의 이름을 걸고 하는 일들에 책임감을 느꼈고,

하고 있는 일 자체에 보람과 즐거움을 느꼈다. 당연히 사람인지라, 힘들게 일했는데도 정당한 보수나 대가가 없다면 의욕이 떨어지고 속상하기도 했다. 하지만 진심을 다해 매 순간 일하다 보니 내가 열심히 일했던 한 행사장에서의 관계자분이 또 다음 일을 추천해 주시고, 좋은 일이 있을 때마다 나를 불러주셔서 결국에는 그만한 대가를 받았다. 누군가 억지로 시켜서 했거나, 처음부터 보상을 바란 일이었다면 100% 열정을 다하지 못했을 것이다. 내가 하고 싶었기 때문에 가능했고, 그럴 수 있는 일들을 찾아서 했다. 열정은 다른 어딘가에서 따로 찾는 무언가가 아니라 만들어가는 것이다. 열정은 우리가 흔히 상상하는 큰 액션, 눈에 보이는 분주함으로만 만들어지는 것은 아니다. 본인의 에너지를 어떠한 방식으로 쓰는지에 따라 열정은 각기 다른 모양을 가진다.

- 처음 시작한 일을 힘들지만 끝까지 완주해내는 끈기
- 중간에 어려움이 생기더라도 굴복하지 않고 이겨내는 인내
- 내가 가진 에너지로 다른 사람들에게 긍정적인 영향을 주는 것

내가 무슨 일을 할 때 스스로 항상 지키고자 하는 약속

해볼 걸 후회하지 말고
시작해볼 것

들이다. 끈기와 인내, 그리고 다른 누군가를 위한 선한 영향력 들도 모두 열정의 또 다른 모습이다. 이러한 열정이 있었기에 지금까지 많은 꿈을 꿀 수 있었고, 앞으로도 계속해서 꿈을 꿀 수 있는 이유다. 열정은 잠시 사그라들지언정, 사라지지 않는다. 열정을 어떻게 끌어올려 나의 꿈을 찾을 수 있을까? 나는 운이 좋게 내가 원하는 것들을 그때그때 잘 찾아냈고, 나에 대해 잘 알고 있었다. 열정이 무엇이든 느끼고 싶고, 내가 정말 하고 싶 은 것에 미친 듯이 몰두하고 싶은 이들이 있을 것이다. '내가 원 하는 게 무엇인지' 알 수 있는 방법은 생각보다 어렵지 않다.

열정은 한여름 타는 듯한 태양열보다 가을날에 따스한 볕을 내어주는 온도라는 생각이 든다. 열정을 떠올렸을 때 뜨겁 게 끓어오르는 주전자의 물이 떠오르는가? 20대 초반에는 나 역시 그렇게 느꼈던 것 같다. 그런데 30대가 된 지금, 나에게 열 정은 지속하는 힘이다. 멈추지 않고 계속 무언가를 하는 힘, 그 에너지를 지속하는 힘을 열정이라고 말하고 싶다. 이렇게 오랜 시간 쉬지 않고 열정 가득하게 도전해 올 수 있었던 이유는 그 열정을 지속 가능하게 하는 원동력들 덕분이다.

내가 도전하고 실행하는 것들을 여러 사람과 나누는 기쁨이 참 크다. 이것이 나에게는 일종의 습관이자 큰 행복이다. 누군가를 위해 억지로 했거나 무엇을 바랐다면 여기까지 오지 못했을 것이다. 단순히 보여지기 위해 도전을 이어 오고 꿈을 꿨다면 오래가지 못했을 것이다. 그냥 성취하는 과정 속에서 내 스스로의 만족감과 기쁨이 정말 크다. 그리고 나를 아끼고 믿어주는 이들에게 내가 성장하는 모습을 꾸준히 알려주고, 함께 기쁨을 나누는 것이 정말 행복하다. 내가 가장 나다워질 수 있는 나만의 숲에 차곡차곡 나무를 심어가고 있는 것이다. 열정을 지속할 수 있는 힘은 누군가가 만들어놓은 잣대를 따라가는 것이 아니라 내가 스스로 만들어나가는 것이다. 무엇보다 모든 과정을 나의 가족과 남편, 친구들이 응원하고 좋아해준다. 부모님은 33년 동안 내가 행하는 모든 것들을 믿고 아낌없는 사랑과 격려를 보내주셨다. 그래서 나는 지치지 않고, 앞으로도 그게 무엇이든 부딪쳐볼 용기가 충분하다. 또 하나, 나의 열정의 비법은 긍정적인 마음가짐이다.

만약 온전히 나 혼자만 사는 세상이었다면 그만큼의 만족감이나 열정이 생기지 않았을 것 같다. 그래서 최대한 나를 아껴주는 많은 이들과 나의 삶의 방향성에 대한 고민과 그것을 성취하는 행복감, 기쁨을 함께 나누기를 바란다. 아이가 갓 태어났을 때부터 걷고, 말하고 학교에 들어가는 것까지의 과정 말

해볼 걸 후회하지 말고
시작해볼 것

고도 우리는 계속해서 성장하고 있다. 나도 목표를 세우고 하나씩 이뤄나가며 끊임없이 고민하고 도전하고, 좌절도 하지만 이내 다시 일어서서 또 뚜벅뚜벅 걸어가며 성장 중이다. 그리고 부모님이 내가 무럭무럭 자라나는 성장 과정을 따뜻한 눈으로 지켜봐 주셨던 것처럼 지금의 내가 무럭무럭 자라나는 과정을 보여주자. 사랑하는 이들이 나에게 주는 에너지는 실패를 하거나 좌절의 순간이 오더라도 중심을 잡을 수 있게 해주는 원동력이 된다. 인간관계에 지치고, 계속되는 불안감과 조급함에 지쳐도 크게 엇나가지 않고 무턱대고 살지 않게 해주기도 한다. 내가 가만히 멈춰 있지 않고, 무엇인가 의미 있는 것을 계속해서 하고 있다는 것은 나 자신을 지키는 강력한 힘이 된다. 그리고 그 힘은 연쇄적으로 더 큰 열정을 북돋아준다.

조급해하지 말고
언젠가 이루면 된다

    살아가다 보면 누구나 한 번쯤은 소중한 기회를 만날 수 있다. 그 기회가 내가 원하는 타이밍에 오지 않는다 해서 좌절할 필요는 없다. 많은 이들이 별다른 기대나 희망 없이 살아가고 있지만, 분명 한 번쯤 사는 동안 기회가 찾아올 것이다. 그것이 나에게 찾아온 기회라는 것을 잘 알아볼 수 있도록 부정적인 마음은 줄이고, 계속 무언가를 멈추지 않고 해야 한다. 그래야 나에게 온 기회라는 것을 포착할 수 있다. 마음속에 간직하고 있는 긍정적인 생각과 태도는 자신감을 키워주고, 부정적인 일을 마주하더라도 잘 이겨낼 수 있는 힘을 갖게 해준다. 단순

해볼 걸 후회하지 말고
시작해볼 것

히 '잘될 거야'라는 막연한 생각은 아니다. 조금 힘들지만 이 힘듦에도 분명 배울 것이 있다는 마음으로 이 시간들을 잘 버텨내고 스스로를 위로해주는 것, 당장 이 길이 맞는지 불안한 마음이지만 그래도 언젠가 이 길이 틀리지 않았다는 것을 깨닫게 될 것이다. 그래서 틈틈이 내가 가지고 있는 꿈을 되돌아보면서 언젠가 이룰 수 있다는 마음을 가지면 된다. 도무지 풀리지 않을 것 같아도, 어느 순간 나의 노력과 때가 잘 맞으면 상승곡선을 타고 꿈에 한 발짝 더 가까워질 수 있기 때문이다. 그 순간을 위해 좋을 때도 나쁠 때도 최선을 다해 살아보자.

꿈을 빨리 이루고, 늦게 이루는 것에 크게 연연해할 필요가 없다. 희망 고문을 하려는 것은 아니고 무작정 꿈을 붙잡고 있으라는 뜻도 아니다. 마음속에 간직한 꿈은 언젠가 그 꿈을 피울 수 있는 시기와 기회를 만날 수 있다. 대학 시절 초반에 막연하게나마 기업에서 일을 해보고 싶은 꿈이 있었다. 하지만 방송업계로의 진출을 준비하느라 일반 기업 공채는 전혀 신경을 쓰지 못했다. 방송 일을 하면서도 일반 회사에서 다양한 일을 해내고 있는 친구들이나 선배들을 보면서 그들의 삶이 많이 궁금했다. 기업에서는 어떻게 일을 하는지, 회의는 뭐가 그렇게 많은지, 나도 기회가 된다면 꼭 해보고 싶다는 생각을 어렴풋이

했었다. 방송 시간은 워낙 들쑥날쑥하다 보니, 일반 회사처럼 남들 일할 때 일하고 쉴 때 쉬는 삶이 부럽기도 했다. 하지만 방송 일과 일반 회사 일이 너무 다르다 보니, 마음 한편에 꿈으로만 간직하고 있었다.

할 수 있을까? 설마설마했던 일이었는데 서른세 살이 되어서 이뤄냈다. 다른 친구들이 10년 전에 이미 이루었던 일을 10년 늦게 해냈다. 끝까지 마음속에 간직한 꿈을 버리지 않았기 때문에 가능했다. 10년 전에 이룬 것이나, 10년 후에 이룬 것이나 꿈을 이룬 것은 똑같다. 늦었다고 뭐라고 할 사람은 아무도 없다. 방송도 해봤고, 기업에서도 일을 해볼 수 있어서 어찌 보면 두 마리 토끼를 다 잡은 셈이다. 남들은 경험해보지 못한 10년간의 나의 시간들과 이야기들이 그동안의 공백을 무색하게 가득 채워주기 때문이다. 그래서 감사하기도 하다. 꿈을 언제 이룰 수 있을지 조급해하기만 했다면, 스무살의 내가 방송국 공채 시험을 준비했을 때도 좋은 결과를 얻을 수 없었을 것이다. 반드시 이뤄진다고 믿으면 이루어질 거고, 그러므로 꿈은 언젠가 이루면 된다.

아나운서 학원에 가보면 참 다양한 사람들이 있다. 안

해볼 걸 후회하지 말고
시작해볼 것

정적인 직장을 그만두고 꿈을 위해 도전하고 싶어서 왔다는 서른다섯 살의 과장님, 8년간 계속 공채 시험에 탈락한 아나운서 지망생 등. 현실적으로는 조금 어려워보일지라도 그들을 응원하는 이유는 그동안의 시간과 쌓인 경험들이 조금 늦은 출발선일지라도 분명 다른 노하우와 간절함으로 꿈에 다다르게 해 줄 것이라 믿기 때문이다.

도전을 하는 데 가장 방해가 되는 요소는 무엇이라고 생각하는가? 핸드폰? 연인? 돈? 가장 방해가 되는 요인은 다름 아닌 조급함이다. 많은 사람들이 내가 어떤 꿈을 꾸고, 이 꿈을 어떻게 이루고 그 꿈을 이룬 이후에 나는 무엇을 할 것이며 이것이 나에게 무슨 의미가 있는지를 생각하기보다는, 언제 꿈을 이룰 수 있을지만 생각하다 보니 조급해진다. 조급함은 부작용만 낳을 뿐이다. 옆에 친구들은 하나둘 취업을 하고, 합격을 하는데 나는 그러지 못해서 안달이 나고 조바심이 난다. 누가 뭐라 하든 신경 쓰지 말고 결심한 대로 나의 길을 걸어가면 된다. 어차피 모든 사람의 시선, 잣대에 나를 맞추게 되면 내가 잘하고 있어도 불안하고 도전을 해도 무섭고, 안 해도 두렵다. 실패는 여러 번 해도 된다. 누가 뭐라 할 이유도 없고 나의 인생이며 누구나 그렇다. 내가 바라는 꿈을 이룬다는 마음으로 수없이 실패하고, 도전하면 그동안의 모든 것들을 보상받을 수 있다. 그래서 꿈에 닿을 때까지, 묵묵히 오래 걸어가다 보면 나에게 그 꿈이 언젠가 따라올 것이다.

　　방송인이 되기 위한 시험을 보러 다니면서 이따금씩 공포감이 찾아왔다. 그 어마어마한 공포감을 극복할 수 있었던 비법은 바로 시간을 정해 놓는 것이다. 무작정 언젠가 합격하고 말 것이라고 마음먹었다면 한도 끝도 없이 준비하는 기간이 길어졌을 것이고, 공포감도 더 심해졌을 것이다. 그런데 나는 '딱 2년만 해보자. 그때까지 미쳐 보자'고 내 스스로에게 기간을 정했다. 그래서 두렵지 않았다. 도전을 준비하고 있다면, 시험을 앞두고 있다면 한계를 정해야 한다. 그래야 몸도 마음도 지치지 않고 더 효율적으로 압축된 시간에 꿈과 가까워질 수 있다. N수생이 힘든 이유는 그가 열심히 하지 않아서가 아니라 앞으로의 기회가 더 많다는 생각에 계속해서 시간이 길어지기 때문이다. 아나운서, 기상캐스터 공채 시험도 6년을 준비하는 사람도 있고, 어떤 사람은 3개월 만에 합격하는가 하면, 10년을 해도 되지 않는 사람이 있다. 그 사실이 가장 불안했다. 빨리 합격해야할 텐데 하는 생각에 휩싸이다 보니 '합격'과 '불합격'에만 매몰되게 된다. 사실 가장 중요한 것은 빨리 서둘러서 꿈을 이루는 것보다 내가 어떤 사람이 될 것인지를 생각하는 것이 중요하다. 그래서 합격하는 데만 집중한 나머지, 방송을 시작했어도 쉽게 방송을 그만두는 사람도 많고 성실하지 못한 태도로 일을 하다 보니 잘리는 경우도, 안 좋은 소문과 실수로 좋지 않은 결말을 겪게 되는 사람들도 많다. 그래서 나는 많은 실패를 거듭하면서도, 난 언젠가는 합격할 것이라는 희망을 가지고 합격 이후의 삶을 그리기 시작했다. 내가 포기하지 않는 한 언젠가 할 것이라는 자신감이 있었기 때문이다. 그래서 나는 언제 합격할지에 몰두하지 않고, 언젠가 합격하는 그 이후를 고민하게 되었다. 그래서 소중하게 얻은 기회인 만큼, 누구보다 성실하게 일할 수 있었고 좋은 평판을 유지할 수 있었던 것 같다.

기업으로의 이직을 준비하기 전에 꽤나 긴 시간 동안 고민하고 준비했다. 일단 그동안은 방송국 공채, 언론고시 준비만 했기 때문에 기업의 종류, 직무에 대해서도 정확히 알지 못했다. 우리나라에 어떤 기업들이 있고, 그 기업은 무슨 일을 하는지, 그리고 그 기업들 안에서 내가 할 수 있는 일들은 어떤 것이 있을지에 대해 차분히 공부하는 것이 우선이었다. 여러 직무와 업무 내용이 있었고 내가 가진 능력을 어떻게 연관 지을 수 있을지, 내가 가서 무슨 일을 할 수 있을지 차분히 고민해 보기로 했다. 본격적으로 기업으로의 이직을 준비하면서 가장 먼저 했던 것은 기업에 간다면 내가 해보고 싶었던 일과 지금 가진 능력으로 내가 잘할 수 있는 일을 나눠 쭉 정리해 보았다. 내가 해보고 싶었던 일과 잘할 수 있는 일은 다음과 같았다.

내가 해보고 싶었던 일

• 반복적이지 않고 다양한 업무를 경험해보는 것
• 시간이 지날수록 업무의 난이도가 올라가는 일
• 정당한 경쟁이 있고 그 후에 피드백이 있는 것
• 아프면 쉴 수 있는 것(나를 대체해 줄 사람이 있는 것)
• 남들과 똑같이 일하고 출퇴근하는 것
• 휴일(주말, 공휴일, 명절)에 쉴 수 있고 적당한 때에 휴가를 내는 것

내가 잘할 수 있는 일

• 외국어(영어, 프랑스어)
• 여러 사람들 앞에서 긴장하지 않는 것
• 발표, 프레젠테이션
• 진행, MC, 사회를 보는 업무
• 사람들을 상대하고 소통하는 일

해볼 걸 후회하지 말고
시작해볼 것

• 짧은 시간에 암기하여 내용을 전달하는 것
• 내용을 요약해 기사 내용, 보도자료를 작성하는 것
• 홍보 및 커뮤니케이션 업무, 교육 기획 및 운영

본격적으로 나에게 맞는 직무를 찾기 위해서 기업의 여러 직무 중에 나의 과거 경험들과 경력들을 활용해 가장 잘할 수 있는 직무들로 선택지를 좁혀 나갔다. 각 기업의 홈페이지를 찾아가 보고, 이미 다른 사람들은 10년 전에 했던 대학교의 취업 관련 사이트를 다시 들여다보았다. 직무를 천천히 파악하고, 어떤 업무와 직무가 맞을지를 추려내기 위해 노력했다.

위에서 쓴 내가 잘할 수 있고, 하고 싶었던 것들을 보면서 직무를 먼저 좁혀 나가는 작업을 했다. 그러기 위해 우선 다양한 직무를 종이에 적어서 기업 안에 어떤 직무들이 있는지를 먼저 이해했다. 대학생 때는 방송 준비만 했기 때문에 기업, 회사에 어떤 직무가 있는지조차 제대로 알지 못했다. 그다음에는 내가 해보고 싶은 업무보다 내가 잘할 수 있는 업무들을 기준으로 할 수 없고, 다소 맞지 않거나 어려운 직무들을 제외시켜 나갔다. 그리고 내가 추려낸 직무들을 선별해, 이를 바탕으로 현업에 있는 학교 선배들이나 지인들에게 조언을 구했다. 실제 그 직무에 있는 친구든, 직무에 없는 선배에게든 내가 추려낸 이 직무가 나에게 맞을지 물었고 거기서 정말 아니다 싶은 직무는 과감히 지워 나가며 최종적으로 2~3개 정도의 직무를 뽑아낼 수 있었다.

해볼 걸 후회하지 말고
시작해볼 것

호감을 주는
말하기 기술

　　같은 이야기라도 듣는 사람이 좀 더 기분 좋게, 잘 이해
할 수 있도록 전달하는 것과 상대를 배려하지 않고 나의 이야기
만 일방적으로 쏟아붓는 것은 엄청난 차이의 결과를 가져온다.
말하기 기술을 잘 알고 활용할 수 있는 사람은 말이 좋은 무기
가 될 수 있지만, 그렇지 않을 경우에는 독이 된다. 말은 커뮤니
케이션의 가장 기본이라고 할 수 있으며 효과적으로 말을 잘하
는 것의 중요성 그리고 말하기가 주는 힘은 이미 오래전부터 강
조되어 왔다. 말을 잘하는 것만으로도 본인이 가진 장점은 더
극대화하고 약점은 최소화해서 보여줄 수 있다. 업무적인 이유

뿐만 아니라 인간관계에서도 말은 필수적인 커뮤니케이션 수단으로, 학교, 직장, 면접, 업무 외에도, 가족과의 일상 대화, 연인과의 소통까지 언제 어디서든 말을 잘해서 손해 볼 것이 전혀 없다.

몇 가지 원칙만 지키면 당신도 호감 가는 사람이 될 수 있다. 말은 자신을 표현하는 수단이자, 나를 대변해주는 통로다. 그만큼 신중하게 말을 잘 하기 위해 많은 노력이 필요하다. 처음에는 비록 힘들지라도 아래의 기본적인 스피치 기술을 기억해두고 활용하면 조금이라도 도움이 될 것이다. 말을 할 때마다 의식적으로 노력하고 연습해보자. 조금만 노력하고 몇 가지만 바꿔도 말하는 기술이 느는 것을 스스로 체감하게 될 것이다. 단, 일회성으로 끝나는 것이 아니라 적재적소에 잘 활용해보도록 하자.

1. 최대한 짧고 간결하게 말하기

사람들이 오해하는 것 중 하나가 말을 많이 하면 말을 잘하는 거라고 생각한다. 하지만 진짜 말을 잘하는 사람은 꼭 필요한 말만 한다. 많은 수식과 미사여구를 붙이고, 길게 이야

해볼 걸 후회하지 말고
시작해볼 것

기하는 것만이 답이 아니다. 의욕만 앞서서 할 말을 장황하게 늘어놓다 보면 오히려 내용 정리가 잘 안 되고, 결국 이야기 끝에는 무슨 내용을 전달하려고 하는지 요점이 흐려진다. 말을 하다가 엉뚱한 방향으로 흘러갈 때도 있다. 그래서 말을 잘하기 위해서는 일단 하고 싶은 말이 많더라도 욕심을 버리고, 최대한 짧고 간결하게 말하는 것이 중요하다. 긴 호흡이 필요한 이야기를 할 때도 각 내용의 문장 자체는 짧게 말하고, 적당한 쉼과 목소리의 높낮이나 음성 등의 변화, 분위기 전환을 통해 늘어지지 않도록 해야 한다. 한 문장 안에 너무 많은 내용을 담으려고 하기보다는 차라리 짧은 문장을 이어 나가면서 이야기하는 연습이 필요하다.

2. 말하기에도 순서가 있다

아무리 짧은 대화거나 공식적인 이야기가 아니더라도 혼잣말이 아니라면 말하기의 기본은 꼭 지키는 연습을 해보자. 말하기의 기본 순서를 지키는 것이 중요한데, 그중에서도 처음과 끝을 꼭 지키면 된다. 일단 대화의 포문을 열었으면 어떻게든 마무리를 해야 한다. 모든 대화와 말하기는 청중을 항상 배려하고 생각해야 하는데 상대방이 대화가 끝났는지 전혀 알 수 없거나 언제 반응을 해야 할지 모르는 경우만큼 실패한 말하기는 없다. 시작할 때 알려주고, 끝이 났으면 끝이 났다는 것을 알려주는 것이 가장 기본적인 예의다. 처음과 끝이라는 큰 틀을 잡았으면 그 중간에는 앞서 1번에서 이야기한 짧은 문장들을 차근차근 풀어내듯 전달하면 된다. 두괄식으로 말하고자 하는 내용을 간결하게 설명해준 다음, 구체적인 사례, 감정들을 덧붙여 나간다는 느낌으로 이야기를 이어 가면서 끝맺음을 확실히 해줘도 말의 완성도는 높아질 것이다. 말을 하다가 방향을 잘못 잡아 원래 하려던 말과 달라진다거나, 말을 하다가 갑자기 내용이 생각나지 않는다거나, 불필요한 말을 계속 덧붙이고 있다면 중단하는 것도 현명한 방법이다. 더 말을 이어 가는 대신, "이상입니다"라든지, "감사합니다"로 끝맺음 하거나 "어떻게 생각하시나요?" 등의 질문으로 넘어가는 것도 도움이 된다.

3. 말하기는 소통이며 리액션, 아이 콘택트는 필수다

말은 글쓰기와 다르게 혼자서는 완전할 수 없다. 한 명이든, 그 이상이든 꼭 대상이 있어야 한다. 어떤 상황에서든 적절한 몸짓과 손짓을 사용하는 것은 말하기의 효과를 더 높여준다. 평소에도 조금씩 손을 사용하는 연습을 해보면 중요한 순간

해볼 걸 후회하지 말고
시작해볼 것

에 어색하지 않게 시도해볼 수 있다. 로봇처럼 가만히 손을 묶어두고 삐그덕거리며 이야기할 때보다 팔에 힘을 빼고 적절한 순간에 강조하거나, 손가락으로 포인트를 짚어주면 내가 말하고자 하는 부분을 좀 더 강조할 수 있다. 중요한 지점에서는 주의를 더 집중시키는 효과도 줄 수 있다. 대상이 몇 명이든 간에 아이 콘택트 하는 것 또한 말하기에서 중요하다. 면접에서든, 중요한 보고에서든, 친한 친구와의 대화에서든 허공을 바라보는 것보다 상대방의 눈을 바라보며 이야기를 하면 훨씬 신뢰감을 줄 수 있다. 허공을 바라본다거나, 우물쭈물한다거나, 계속 산만한 태도를 보이는 사람의 말에 집중할 수 있는 사람은 많지 않다. 처음에 눈을 바라보는 것이 조금 어색하다면 눈을 바라보는 시간을 조금씩 늘려가면 된다. 처음 1초, 2초 그다음 5초 이렇게 시간을 늘려가다 보면 어느 순간 아이 콘택트가 조금 편해질 것이다. 이러한 방법이 명확하고 효과적으로 자신의 의견과 감정을 표현하는 데 도움이 될 것이다.

4. 후회의 말은 함부로 내뱉지 않는다

뻔한 이야기 같지만, 글과 다르게 말은 여러 번 수정하고 고칠 수가 없다. 뇌 속에서 필터를 거쳐 입을 통해 나오면 공기 중에 흩어져 버리고 만다. 그럼에도 불구하고 말은 칼이 될 수도 있고, 꿀이 될 수도 있다. 그만큼 말이 가지는 힘과 영향력은 매우 크다. 한번 입 밖으로 나오면 말은 다시 주워 담기 힘드니 더 섬세하고 소중히 다뤄야 하고 책임감을 가져야 한다. 중요한 보고나 공식적인 자리, 업무상의 말하기는 비교적 더 조심하고 신중하겠지만 일상적인 대화에서는 필터를 거르지 않는 말들도 많다 보니 실수를 하는 경우도 생기고, 듣는 이에게 뜻하지 않게 상처를 줄 가능성도 있다. 이런 실수를 최소화하기 위해서는 예민한 상황이나, 감정적인 대화들이 오가는 순간에는 머릿속에 한번 필터를 거쳐서 말을 정리하는 것이 좋다. 더 효과적인 방법은 메모지에 간략하게 키워드로 꼭 해야 할 말을 적어두는 것도 도움이 된다. 그러면 잊지 않고 꼭 해야 할 말들을 상기하기 위해 굳이 해도 되지 않을 불필요한 말들은 잘 떠올리지 않게 된다. 엄숙하고 진지한 상황이거나, 더 중요한 상황에서의 말하기 같은 경우에는 사전에 영상을 찍어본다거나 종이에 적어본 후에 연습하는 것도 도움이 된다. 아무리 사소한 내용이라도 혼자하는 말이 아니고 나의 이야기를 듣는 누군가가 있다면, 미리 여러 번 생각하고 정리하는 습관이 필요하다.

해볼 걸 후회하지 말고
시작해볼 것

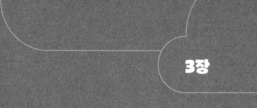

3장

지금 일을 그만두면
하고 싶은 건 있고?

누구나 마음속에
사표 하나씩 품지 않는가

    방송은 내가 그토록 원하고 바랐던 꿈이었지만 나의 최종 목적지는 아니었다. 처음 방송을 준비할 때도, 그리고 방송을 시작한 이후에도 방송을 평생 할 것이라고는 생각하지 않았다. 방송은 나와 잘 맞았고, 재미있었고 분명 좋았다. 하지만 막연하게나마 방송을 했던 경험을 활용해서 또 다른 새로운 것을 하고 싶었다. 생각보다 이유는 간단하다. 방송 말고도 하고 싶은 것이 많았기 때문이다. 아나운서가 되기로 마음먹은 이후에 누구보다 방송을 하고 싶었던 마음은 간절했지만, 방송을 본격적으로 준비하기 이전에도 방송 이외에 해보고 싶었던 것도 많

지금 일을 그만두면
하고 싶은 건 있고?

았었다. 물론 한창 방송업계로의 진출을 준비하던 시점에는 플랜B가 있고 내가 할 수 있는 다른 것이 있다는 것이 혹여라도 나의 의지나 마음가짐에 피해가 될까 봐 다른 것을 전혀 생각하지는 않았었다. 그리고 막상 방송을 시작하고 나니 기대하고 생각했던 것과는 다른 부분도 있었다. 간절했던 꿈이었지만 막상 현실은 꿈꿔왔던 것과 다를 때, 매일매일의 업무에 지칠 때, 직장 내에서 인간관계 때문에 힘들 때 누구든 사표를 상상하게 될 것이다. 나 역시 늘 마음속에 사표를 품고 있었던 것 같다.

일을 하다가 문득 내가 지금 뭐하고 있지? 고개를 갸우뚱하게 될 때가 있다. 좀 편해지고 쉬워졌다고 느끼면 나는 그 신호를 또 다른 도전을 해야 할 순간이 온 것으로 인지했다. 그 다음에는 내가 지금 이 일을 하면서 어떤 일을 더 추가적으로 할 수 있을지, 이 일을 활용해 어떤 것을 더 발전시킬 수 있을지 고민했다. 홧김에 사표를 내는 것보다는 스스로 고민하고, 되돌아보는 시간을 가지면서 내가 이 일을 왜 하고 있는지 그리고 만약 지금 하는 일에 대해 불만을 가지고 있다면 무슨 일을 하고 싶은지 진지하게 한번 생각해 보면 좋겠다. 그런 다음에 확신이 생겼을 때 도전을 이어 나가면 된다.

또 어떤 이들은 지금 하고 있는 일이 지루하거나 재미가 없고, 아무런 의미를 찾지 못해서 사표를 품을 수도 있다. 또 누군가는 본인의 가치관이나 적성과 맞지 않아서 고민하고 있을 수도 있다. 본인의 노력에 비해 보수가 적어서일 수도 있고, 집과 근무지가 너무 멀어 체력적으로 지쳐서일 수도 있고, 나의 미래가 보이지 않아서일 수도 있다. 이유는 무궁무진하다. 사표를 품는 것은 전혀 잘못된 일이 아니다. 무엇인가 새로운 것을 도전하기로 마음먹으면 의욕이 샘솟고, 생각지 않았던 여러 아이디어가 떠오르기도 할 것이다. 그렇게 생각하고 고민하다가 오히려 지금 일에 더 만족할 수도 있다. 지금 일하고 있는 일보다 더 나에게 맞는 다른 일을 찾을 수도 있다.

다른 누군가가 아무리 뭐라 해도 결국 이런 필요성을 느끼는 것은 자신뿐이다. 나도 불확실하고 불안한데 나의 미래를 결정하는 데 너무 남의 시선을 의식할 필요는 없다. 인생은 어차피 안정적일 필요도 없고, 누가 그러라고 정해 놓은 것도 없다. 나 역시 그랬던 것처럼 다른 사람들이 보기에 완벽해 보이고, 안정적으로 보이는 직업을 가진 사람들도 만족하지 않고 있으며, 대부분 마음속으로는 때때로 치열하고, 두렵고, 불안해한다. 물론 도전 과정도 쉽지 않겠지만 괜찮다. 그것만으로도

지금 일을 그만두면
하고 싶은 건 있고?

내가 나의 마음에 귀 기울이고 있다는 증거고, 앞으로 나아가고 있다는 의미다. 누구나 한 번쯤은 마음속에 사표를 품어봤을 것이다.

평생 직장이라는 개념은 진작에 사라졌다. 이제는 한 직장에서 어떻게 오래 버틸지를 고민하지 말고, 내가 살면서 어떤 다양한 일들을 할 수 있을까 고민해봐야 한다. 그 과정에서 물론 직업도 언제든지 바뀔 수 있다. 일을 하다가 공부를 하게 될 수도 있고, 해오던 일을 그만두고 전혀 다른 일에 도전할 수도 있다. 꼭 어떤 무엇인가를 늘 하고 있을 필요도 없다. 인생에서 잠시 아무것도 하지 않고 허비하는 시간을 가질 수도 있다. 그것도 괜찮다. 뭐 어떤가! 헛되이 시간도 보내보고, 낭비도 해봐야 그다음에 이것도 해보고 저것도 해볼 마음의 동력이 생겨난다.

중요한 것은 그럼에도 불구하고 도전하고자 하는 용기, 해보고 싶은 마음 그리고 새로운 것을 시작해 보려는 꿈과 의지를 잃지 않는 것이다. 계속해서 다양하고 많은 일을 해낼 수 있는 나만의 힘을 키워 나가는 것이 중요하다. 짧지 않은 인생의 시간, 누군가에게는 그냥 흘러갈 수 있는 시간이다. 어떻게 알차게 주어진 인생의 시간들을 가꾸고 활용하는지는 전적으로 나에게 달려 있다. 나에게 붙는 수식어들은 진정한 내가 아니다. 직장 혹은 직업이 나의 모든 것을 설명해줄 순 없다. 꿈을 적극적으로 활용하고, 용기가 있다면 많은 일들을 해낼 수 있다. 그리고 당신도 충분히 할 수 있다. 내가 잘하고 관심이 있는 것을 끄집어내어, 과감하게 부딪쳐보면 된다. 실패하면 돌아가도 되고, 다시 시작하면 된다. 세상은 넓고, 할 수 있는 것은 정말 많다. 늦은 것은 없으며, 목표한 것을 이루지 않아도 괜찮다. 다시 시작하면 되니까.

　　TV 속 방송 진행자들은 대중에게는 호기심의 대상이다. 일반적으로 사람들에게 비춰지는 방송 진행자의 모습은 화려하다. 빛나는 조명과 메이크업으로 얼굴과 머리를 정갈하게 세팅하고 잘 갖춰진 옷을 입고, 화면에 나와 뉴스를 전하고, 정보를 전달한다. 화면 속 이들의 모습은 프로페셔널하다. 나 역시 그랬다. 방송 지망생들은 방송인들의 SNS를 엿보고 그들의 삶을 동경한다. 방송국에서 방송 진행자로 일한다는 것은 굉장히 화려하고 남부러울 것 없는 삶처럼 보일 수도 있다. 합격하기 위해 치른 수년간의 고단했던 준비 과정, 그리고 치열한 채용 절차를 통과하고 드디어 하게 된 방송이었지만, 생각했던 것과는 다른 점도 많았고, 감수해야 할 일들도 많았다. 방송을 하

지금 일을 그만두면
하고 싶은 건 있고?

기 전에는 방송국에서 일을 너무 하고 싶었다. 종편 채널에 합격했을 때에는 지상파에 가고 싶었다. 욕심은 끝이 없었다. 사내 방송, 종편 채널 그리고 지상파까지. 각종 행사와 MC 경험, 주변 사람들의 인정, 방송을 하는 사람으로서 할 수 있는 최대의 커리어를 만들었지만 그것이 전부는 아니었다. 그리고 목표한 지점까지 올라갔고, 모든 것을 다 이루었지만 이상하게 마냥 행복하지는 않았다. 2% 부족한 느낌이 들었다. 오랜 시간 꿈꿔왔던 일을 해냈지만, 정작 꿈꿨던 이상과 현실의 괴리를 느꼈던 것 같다. 방송은 모두가 볼 수 있고, 내 이름을 걸고 목소리를 내는 일이기 때문에 주도적으로 내가 할 수 있는 일이 많을 줄 알았다. 또래의 다른 친구들보다 내가 전문가로서 할 수 있는 일은 초반에는 많았다. 내 목소리를 낼 수 있었고, 온전히 방송의 처음부터 끝까지 다 내 몫이었다. 실수를 해도 나의 책임이었고, 그 방송 시간만큼은 온전히 나에게 달려 있었다. 대한민국의 날씨를 보는 모든 시청자들이 내가 뱉은 한 마디에 옷을 두껍게 입고, 우산을 챙기고, 바다로 배를 타고 나가기 전 파고를 확인한다. 그만큼 중요한 정보를 다루기 때문에 때때로 부담이 되기도 했다. 내가 하고 있는 이야기가 누군가에게는 굉장히 중요하게 삶과 연관되어 있으니 내가 내뱉는 말들에 대한 책임감도 굉장히 컸다.

하지만 스스로 발전하는 느낌이 들지 않았다. 손이 빨라지고, 방송은 노련해지고, 일은 편해졌다. MC를 보거나 외부행사, 아나운서로서의 일을 할 때에도 마찬가지였다. 나는 경력이 쌓였고, 노련해졌지만 매번 반복되는 일을 하는 느낌이었다. 누군가 만들어준 판에 앵무새처럼 말하는 느낌이 답답했다. 그래서 내가 그 판을 직접 만들어보고 싶었다. 나 역시 지금까지 쌓아온 모든 것을 무너뜨리는 것이 무서웠고 두려웠다. 선뜻 도전했다가 괜히 아무것도 이뤄내지 못하고 사람들이 비웃지는 않을까, 내 스스로에게 실망하지 않을까 무서웠다. 하지만 시간이 지났을 때 방송 활동을 열심히 했던 전소영 기상캐스터보다, 열심히 기상캐스터로 활동하다가 도전에 성공한 전소영으로 기억되고 싶었다. 그래서 지금 이렇게 안주하며 머물러 있지 말고, 내가 문제 의식을 가지고 있으니 무엇인가를 시작해보고 후회해 보자고 마음먹었다.

왜 우리는 이직을 희망하는가? 돈 때문에 혹은 현재 상황에 대한 불만? 자아실현을 위해? 방송을 하기까지, 그리고 케이블에서 종편 채널, 지상파로 오기까지 쉼 없이 달려왔다. 길게 쉬어본 적도 없다. 이제는 닻을 내리고 머물러도 되지만 그러고 싶지 않았다. 방송을 하는 동안에도 계속해서 앞으로의 또 다른 커리어와 꿈에 대해 고민했다. 방송 활동이 나의 최종 꿈의 종착지는 아니었기 때문이다. 그래서 준비했다. 목표를 하나 둘씩 이뤄 나갈 때마다 또다시 새로운 목표를 세웠다. 꿈을 이뤄갈 때마다 또 다른 큰 꿈들이 계속해서 생겨났다.

방송을 하면서 생기는 고민을 나누는 것도 조심스러웠다. 내가 있는 이 자리는 누군가가 오고 싶어 하는 자리일 것이고, 다른 사람이 보기에는 내가 아무 걱정 없어 보인다는 말을 듣기도 했으니까 말이다. 대부분 내가 커리어에 대해 고민하고, 미래에 대해 걱정하면, 오히려 내가 고민이 많다는 것을 이해하지 못한다는 눈빛을 보냈다. 그들의 눈에는 방송인으로서 꽤 괜찮은 커리어를 만들어온 내가 현재에 만족하지 않다는 것을 의아해했다. 하지만 나는 만족할 수 없었다. 하고 싶은 것이 아직도 너무나 많은데, 현재에 만족하기에는 너무 아쉬웠다. 내 스스로는 채워지지 않은 무엇인가가 항상 마음 한편에 남아 있었다. 지금 내가 하고 있는 일에 100% 만족한다고 말할 수 있는 사람이 있을까? 남들이 보기에는 부러워 보이는 자리에 앉아 있는 사람도 본인의 일에 불만이 없는 것은 아닐 것이다.

왜 사람들은 현재의 일에 만족하지 않고 이직을 꿈꾸는

것일까. 왜 우리 모두의 마음속에 사표를 품고 다니는 것일까. 하지만 현실은 사표를 꺼낼 용기가 좀처럼 나지 않는다. 지금 하고 있는 안정적인 일을 버리기도 무섭고, 내가 이 일을 하기까지 들인 노력과 수고가 아깝다는 생각에 선뜻 새로운 일을 도전하기가 두렵다. 요즘 MZ세대들은 이미 본인의 직장을 직업으로 여기기보다는 하나의 업무로 여긴다고 한다. 힘든 관문을 뚫고 여러 과정들을 거쳐 입사한다고 하더라도, 평생 직장으로 여기지 않는 것이다. 자주 이직하는 것이 본인의 능력이고 가치를 높인다고 생각하고 있으며, 회사를 위해서보다는 나의 발전을 위해 일하는 것이 당연해졌다. 꼭 MZ세대가 아니라도, 누구나 마음속에 사표 하나씩 품고 살아간다.

퇴사한 기상캐스터는 어디로 갔을까?

방송을 하는 이들의 다음 행보는 늘 뻔했다. 그게 너무 싫고 속상했다. 그래서 바꿔보고 싶었고, 내가 그 선례가 되어야겠다고 마음을 다잡았다. 치열한 경쟁과 공채를 거쳐 힘들게 그 자리까지 왔지만, 방송 생활이 지속되는 경우가 많지 않다. 대부분 방송하는 사람들의 화려한 현장 모습, 합격한 그 순간에

지금 일을 그만두면
하고 싶은 건 있고?

는 주목하지만 그 이후의 삶에는 별로 관심이 없다. 대부분 25~40세 전후로 가장 활발히 방송 활동을 이어 간다. 이후로는 결혼, 출산, 혹은 육아, 어쩔 수 없는 계약 만료, 프리랜서 선언 등의 이유로 방송 활동이 종료된다. 누군가 나의 미래를 좌지우지하는 게 싫었다. 그래서 나를 아무도 건드릴 수 없도록 능력을 차곡차곡 쌓아야겠다고 마음먹었던 것 같다. 스스로 나의 커리어를 가꾸어 나가고 싶었다.

나는 무엇을 해야 행복할까? 결국 일과 행복이 연결되어야 오래 할 수 있고 즐기며 일할 수 있다. 방송을 하면서 행복했지만, 마냥 행복하지만은 않았다. 많은 이들이 직장은 직장이고, 행복은 다른 곳에서 찾아야 한다는 이야기를 한다. 어느 정도 일리가 있는 말이지만, 일에서도 행복을 찾으면 행복은 더 커질 것이다. 그리고 일에서 더 큰 시너지를 낼 수 있다고 생각한다. 일에서 얻는 행복감은 자존감을 높이고, 삶의 활력을 가져온다. 물론 방송을 하는 것을 오랜 시간 꿈꿨지만, 막상 방송을 해보니 내가 생각했던 것과는 다른 점도 많았다. 나는 불특정 다수에게 영향력을 주는 것보다 내 주변 사람들에게 도움을 주고 영향을 미칠 때 더 행복해하는 사람이라는 것을 깨달았다. 그래서 감사했지만 인기의 척도에는 크게 관심이 없었고 행복하지 않았다. 다만, 내 방송을 보고 행복해하고 도움이 되었다는 주변 친구들의 연락, 내가 가르쳐서 합격한 학생의 연락, 내가 쓴 글을 보고 힘이 되었다는 후배에게 더 힘을 얻고 행복했다. 그래서 마음속에 계속 사표를 품고 다닐 수밖에 없었다.

지금 일을 그만두면
하고 싶은 건 있고?

퇴근 후, 미래의 나를 위해
일상을 채워라

목표가 생기면 시간을 한시도 허투루 쓰지 않으려 했다. 감시하고 있는 사람도 없고, 누가 뭐라 하지도 않지만 TV를 보고 멍하니 있어도 스마트폰을 보고 있을 때에도 마음이 편치 않았다. 누구나 이런 마음을 느껴본 적이 있을 것이다. 시험 기간의 대학생, 수능 시험을 앞둔 고3 학생, 국가 고시를 준비 중인 고시생, 공채 시험을 준비하는 취업준비생. 그러면 어떻게 그 불안함을 떨쳐낼 수 있는가? 방법은 간단하다. 자리를 박차고 일어나서 해야 할 일을 하면 된다. 걱정은 보통 그 일을 하지 않고 있을 때 발생한다. 불안하게 만드는 요소를 없애면 된다.

내가 노력한 시간은 반드시 나에게 되돌아온다. 그 진리를 알기에 시간을 허투루 쓸 수가 없다. 요행을 바라며 대충대충 했는데 우연히 목표를 이룬 경우에는 두 가지다. 본인의 기준에서 노력이라고 생각 안 했지만 노력을 굉장히 했을 것이다. 두 번째는 그렇게 해서 이룬 일이라면 남들에게도 마찬가지일 것이고 쉽게 질린다거나 금방 끝나버릴 위험이 있다. 힘든 일을 마치고 집에 오면 당연히 침대에 눕고 싶은 마음부터 든다. 시간이 나면 책보다는 TV 보고 싶고, 아무 생각 없이 친한 친구들 만나서 술 마시고 놀고 싶은 마음이 드는 것도 당연하다. 하지만 내가 하고 싶은 것을 다 하면서 남들보다 더 앞서가기만을 바라는 것은 욕심이다. 그렇다고 사회와 단절되어서 목표만을 좇는 것도 정답은 아니다. 학교 안에서는 모두 같은 것을 배우고 공부하고 직장 안에서는 연관성이 있는 업무들을 한다. 결국 그곳을 나와 내가 무엇을 준비하고, 시간을 어떻게 보내는지가 중요하다.

퇴근 후에, 그리고 직장이 아닌 곳에서 남는 시간을 어떻게 활용하는지가 중요하다. 남들과 똑같이 주어진 24시간, 일주일, 한 달을 어떻게 보내야 할까. 자투리 시간을 잘 활용하면 시간은 결코 부족하지 않다. 남는 시간을 활용해 틈틈이 출퇴근길에 혹은 잠들기 전에 하루 10장만이라도 책을 읽는 것부터 시작해도 좋다. 퇴근 이후에 직장인들을 위한 대외활동을 신청해도 좋다. 여러 동호회나 소모임에 가입해서 몸을 부지런히 움직여도 괜찮다. 어떤 이는 그런 외부 일들을 하면 정작 직장에서 피곤하지 않을까 걱정할 수 있겠으나, 시간을 알차게 부지런히 활용할 수 있는 사람은 본인이 맡은 일도 무조건 잘하게 되어 있다.

조금 더 부지런하게, 나의 미래를 위해 일상을 채워보자. 일단 목표를 세우고 나면 그것을 이루기 위해 치밀하게 계획한다. 하지만 인간관계 역시 포기할 수 없다. 그래서 나는 잠을 줄였다. 친구들도 지켜내고 싶었고, 가족과의 시간도, 목표도 어느 하나 놓치고 싶지 않았다. 그래서 내 체력을 조절했다. 나를 응원해주는 이들이라면 당연히 매일매일 만날 수 없다는 것을 이해하고 응원해줄 것이다. 잠을 줄이고, 매 순간을 치열하게 보낸 시간은 힘들었지만 계속해서 무언가를 남겼다. 당장은 눈앞에 성과가 나타나지 않을지라도 내가 열심히 활용하고 살아낸 시간들은 결코 헛되게 지나가지 않는다. 지금 생각해 보면 어떻게 그렇게 할 수 있었을까 싶을 정도로 유난이었던 시간들이 있기에 가능했다.

긴 시간 새벽 방송을 하면서 대학원을 병행했을 때다.

매일 새벽 4시에 일어나 방송을 준비하고, 방송이 끝나면 아침 9시부터 1시간 정도 숙직실에서 잠을 잤다. 알람을 맞추고 힘겹게 일어나서 학교를 가면 그다음 목적지는 편의점이다. 잠을 조금이라도 더 자야 피로가 풀리니까 여유롭게 밥을 먹을 시간이 없었다. 그렇게 간단하게 식사를 때우고 연구실로 향했다. 연구실에서 논문을 적게는 하루에 한 개 정도 정리한다. 그리고 3시간 동안 수업을 듣고 많은 날은 6시간 강의를 듣는다. 토론을 하고, 수업을 듣고 다시 연구실에서 논문을 읽는다. 집에 가서 다시 다음 날 새벽 방송을 위해 일찍 잠에 든다. 대학원을 다니는 2년 동안 꼬박 그렇게 살았다. 거기에 한 학기는 조교 활동도 했었다. 많은 것을 포기했다. 잠을 포기했고, 피부는 푸석푸석해졌고, 주말에도 마음 편히 쉬지 못했다. 신나고 즐겁지는 않았지만 논문을 읽어가며 몰랐던 내용을 알았을 때, 석사 논문의 연구 주제가 잡혀 나갈 때, 방송도 무리 없이 잘 끝났을 때 그 성취감과 뿌듯함은 이루 말할 수 없었다.

살면서 기회가 찾아오고 그때 그 순간에만 할 수 있는 것들이 있다고 생각하는데 그 시기에 나는 공부를 꼭 하고 싶었고, 그래서 꼭 목표한 시간에 석사학위를 따고 싶었다. 그러려면 남들보다 덜 자고, 덜 놀고, 더 많이 공부할 수밖에 없었다. 그런 나를 보며 어떤 이들은 안쓰러워하기도, 크게 관심이 없기도, 이해를 못하기도 했지만 이후에 내가 이뤄낸 성과들을 보면서 모두가 동일하게 부러워하고, 축하해주고, 인정해주었다. 나는 다양한 배역을 통해 많은 인생을 경험하는 배우 같은 존재였다. 행사, 프로그램, 광고 등을 통해 다양한 역할을 경험해볼 수 있었다. 흥행한 영화에 아나운서 역으로 출연도 했고, 법원 홍보대사를 맡으면서 서민들의 우산이 되어주기도 했다.

모두에게 똑같이 주어진 시간을 어떻게 꿈에 닿기 위해 노력하는지는 당신에게 달려 있다. 천천히, 남들과 똑같이 적당히 할 것인지 아니면 정말 후회 없이 미쳐서 시간을 활용할 것인지는 온전히 당신 몫이다. 도전하고 싶다면, 꿈을 꾸고 이루고 싶다면, 마땅히 퇴근 후에 시간을, 당신의 미래를 위해 아낌없이 활용하길 바란다. 남들과 똑같이 지내면서 큰 꿈을 이루려고 하는 것은 너무 이기적인 마음이다. 요행을 바란다면, 오래가지 못할 것이다. 꿈을 위해 희생하는 시간들은 누구를 위한 것도 아닌 나를 위한 것이기 때문에 억울하거나 속상한 일이 아니다.

이직,
성공률을 높이는 법

이직은 더 이상, 정년퇴직 이후 혹은 은퇴 후에 제2의 새로운 직업을 가지는 중장년 부모님 세대의 이야기가 아니다. 지금 이 순간에도 많은 이들이 '지금 하고 있는 일을 계속 해야 할까', '다른 것에 도전하기에 너무 늦지는 않을까'라는 마음을 더 이상 미루지 말고 시간을 앞당겨 지금이라도 해보고 싶었던 것, 꿈꿔왔던 나의 재능을 펼쳐보는 것은 어떨까? 이전에는 한 직장에서 오래 일하는 것이 훈장처럼 여겨졌지만 이제는 상황이 많이 달라졌다. 요즘 젊은 세대들도 커리어를 다양하게 확장하고 변화시키는 것에 거리낌이 없다. 이직이 전혀 낯선 풍경이

지금 일을 그만두면
하고 싶은 건 있고?

아니다. 기업에서는 한 달 사이에도 수많은 인원들이 들어가고 나간다. 생각지 못한 새로운 도전을 응원하며 권장하는 분위기다. 특히 요즘 MZ세대들은 이직을 많이 하는 것이 본인의 가치를 높이는 일이라고 생각한다. 한곳에서 길게 정착하지 못하고 자주 직장을 바꾸는 것이 마냥 박수받을 일인지는 모르겠지만, 분명 본인의 목표와 가치를 위해 한 발자국 앞으로 내딛은 것은 큰 용기다. 더욱이 해오던 일을 과감히 바꿔서 새로운 도전을 하는 이들에게는 더 무한한 응원을 보내주고 싶다. 모두 자신의 것을 지키고 잃지 않기 위해, 발버둥치기에도 바쁜 와중에 안전하지 않을지라도, 위험을 감수해서라도 후회 없이 본인만의 길을 간 것 그 자체만으로 대단하다. 그리고 이왕 이직을 마음먹었다면 꼭 성공했으면 좋겠다.

우리는 무엇인가를 잘 다룰 수 있는 능력이나 방법을 일컬어 '기술'이라고 한다. 나의 방법이 100% 정답이라고는 말할 수 없지만, 지금부터 알려주는 방법을 쓴다면 확실히 실패할 확률은 줄어들 것이다. 아나운서만을 준비하다가 기상캐스터가 된 것, 사내 방송부터 종편 채널 및 지상파까지 들어갈 수 있었던 합격의 기술부터 9년간 몸담았던 방송국을 떠나 전혀 다른 대기업으로 갈 수 있었던 나만의 성공 기술을 공유하고자 한다.

그리고 나의 경험에 비춰볼 때 제법 괜찮은 기술이 될 것이라고 생각한다. 성공하기 위해 성공한 사람들만 찾아가기 때문이다. 이직 기술은 내가 어떤 문제에 봉착했을 때 그 문제를 풀어나가는 방법과 동일하다. 지금 있는 곳에서 벗어나 새로운 것을 도전하고 싶다면, 오래전부터 망설여왔던 전혀 다른 목표가 있다면 내가 시도했던 방법들이 그 도전을 조금이라도 도와줄 수 있을 것 같다.

　　이루어야 할 목표가 생기면 가장 원초적이고 원시적인 방법부터 시작한다. 몸과 마음을 많이 쓰는 것만큼 잊히지 않는 것은 없다. 쉽게 얻은 것은 그만큼 소중하게 여기지 않아서 쉽게 날아가 버린다. 인터넷에서 간편하게 검색해서 얻은 정보는 빨리 알아낸 만큼 금세 기억이 나지 않는다. 편하게 얻은 것은 쉽게 잊힌다. 그래서 어떤 일이 생기면 나는 해결책을 찾기 위해 인터넷을 검색한다거나 유튜브를 절대 찾지 않는다. 실제로 그 일을 겪었던 사람들, 아니면 그 일의 전문가들을 하나하나 연락해 찾아간다. 시간을 들여 연락을 하고 직접 얼굴을 대면한다. 그러면서 그들의 이야기를 직접 듣고 경험을 수집한다. 그 후에 여러 이야기들을 토대로 나의 문제를 객관적으로 파악한다. 목표한 바를 이루고, 도전의 성공률을 높이기 위해 여러 데

이터를 축적하는 과정이 필요하다. 객관적인 관점에서의 문제를 파악하고 난 뒤에는 그 문제가 벌어진 나의 처지와 연관 지어 현재의 상황을 파악한다. 이후에는 수집한 다른 이들의 경험 데이터를 분석하면서 나에게 가장 잘 맞는 솔루션을 찾는다. 그리고 그 문제를 해결하기 위한 방법을 세우고 본격적으로 문제를 해결한다. 그럼 시간이 걸리더라도 문제를 어떻게든 해결할 수 있다. 누구보다 그리고 잘 해결할 수 있다. 지금부터 아무에게도 공개하지 않은 나의 이직 기술을 쓰고자 한다.

1단계, 사람이 백과사전이다

　문제가 생기면 나는 인터넷이 아니라 사람을 찾는다. 그게 가장 확실하다. 나에게는 그 어떤 것보다 주위 사람들이 가장 믿을 만한 백과사전이다. 아무리 핸드폰과 인터넷에 없는 게 없다고 하지만 나에게는 사람만큼 확실한 게 없다. 인터넷에는 걸러지지 않은 정보들이 너무 많고, 내가 물어보고 싶은 내용이 아니라 그들이 보여주고 싶은 내용들만 나열되어 있다. 그래서 나는 걱정이 되면 주위 선배들을 찾아간다. 대신 이 과정에서 잊지 말아야 할 것은 또래 친구들과의 신세 한탄이나 고민

상담으로 시간을 뺏기지 않도록 주의해야 한다. 결국에 비슷한 고민과 불안함을 겪고 나누는 것은 내 성장에 크게 도움이 되진 않는다. 부정적인 감정은 더 커지고, 구체적인 방법은 모른 채 자신감만 줄어든다. 방송을 준비할 때 지망생들끼리 스터디를 하거나 학원에서 함께 공부를 하다 보면 결국 마지막은 신세 한탄 그리고 끝없는 고민과 우울함에 빠지는 것으로 이야기가 마무리되었다. 오히려 열심히 준비를 하려고 만났는데 다들 답을 모른 채 머리만 싸매고 끝이 난다. 구체적인 방법이나 고민이 될 때에는 같은 고민을 하는 사람보다 그 고민을 해결해줄 사람을 만나는 것이 걱정을 줄여줄 수 있는 방법이다. 그래서 나는 답을 찾기 위해 내가 겪은 일을 미리 겪었던 사람들, 그 일과 연관이 있는 사람들을 먼저 빠르게 찾는다. 그 후에 그들에게 연락해 직접 찾아가 이야기를 듣는다. 실제 사람들에게 이야기와 경험을 듣는 것이 훨씬 더 정확하고 빠르다. 그리고 그 경험들을 토대로 상황을 파악한다. 실제로 어떤 식으로 그 꿈에 도달했고, 그 분야에 대해 어느 정도의 지식과 준비가 필요한지 알아야 덤빌 수 있다. 물론 시간과 그들의 경험을 공유해주는 대가로 밥을 산다든지, 사례는 꼭 해야 한다. 도움을 받은 후에는 자주 안부 연락하고, 또 그가 내 도움이 필요할 때 적극적으로 도와주면 된다.

2단계, 아는 만큼 성공이 보인다

정보를 다 수집하고, 데이터를 쌓은 이후에는 나에게 맞는 방법과 솔루션을 찾는다. 목표를 이루기 위해서는 최대한 객관적으로 많은 정보를 모아야 성확도가 높아진다. 우리나라 기상청에는 굉장히 훌륭한 인재가 많다고 한다. 그럼에도 불구하고 일반 사람들은 기상청에 대한 불신이 크다. 하지만 많은 장비와 시스템을 통해 점점 더 날씨 예측의 성공률이 높아지고 있다. 이직의 성공률을 높이기 위해서도 이러한 데이터를 끊임없이 모아야 하고 양질의 정보를 가지고 있는 것이 중요하다. 지금 당장은 관련이 없다고 하더라도 모든 일에 대해 귀를 활짝 열어두고, 눈을 크게 뜨고 많이 알아두는 것이 도움이 된다. 그리고 정말 필요할 때 정보를 구하고 있다면 어느 때보다 더 집중해야 한다. 많이 아는 만큼 성공의 확률이 더 높아지기 때문이다. 그들이 사용했던 방법이나 길을 그대로 따라가면 안 되고, 나에게 커스터마이징하는 것이 필요하다. 지금 내가 어느 정도 위치에 와 있고, 지금 무엇이 나에게 더 필요한지를 인지한 다음, 나에게 맞는 구체적인 방법을 적용해 보아야 한다. 그것이 자격증을 따는 것일 수도 있고, 자신감을 키우는 멘탈 관리일 수도 있고, 시기를 좀 더 보고 기다려야 할 수도 있다. 아니면 과감히 시험을 보지 않는 것으로 결론이 날 수도 있다. 여러 도전과 다양한 방법을 고민해 본 후에 나의 현재 상황과 맞지 않다면 과감히 다른 길을 찾을 수도 있다. 결국 지금 이 순간 나의 상황과 내가 가진 역량과 장점들을 가장 잘 발휘할 수 있는 방법들을 찾아야 한다. 어떤 식으로든 가장 기본은 나 자신에 대한 자신감을 가지는 것이다.

3단계, 목표는 구체적이어야 한다

목표를 설정해야 한다. 합격을 하든, 이직을 하든 내가 무엇을, 어떻게, 어느 시기까지 딱 이루어내겠다고 기간과 구체적인 단계를 정하는 것이 중요하다. 이것은 꼭 이직이 아니고 지금까지 모든 도전 과정에서 실천해온 것이다. 구체적인 시기와 목표 기간을 설정해두지 않으면 나태해지게 된다. 그리고 꿈이 흐려질 수 있다. 지금 하고 있는 일이 이미 편하고, 많은 것을 이루었는데 이직하게 되면 감수해야 하는 것들이 너무 많다고 생각할 수 있다. 처음 이직의 꿈을 꿨던 열정이 사그라들 수 있다. 1년 안에 해볼 수 있는 데까지 해본다든지, 적어도 지금의 직장보다는 복지든, 연봉이든, 자아실현이든 어떤 분야에서든 나은 곳으로 찾는다는 기준을 세워 놓으면 꿈이 더 명확하게 그려질 수 있다.

구체적으로 목표를 세울수록 꿈은 더 빠르게 실현된다. 나는 숫자로 목표를 설정했다. 서른다섯 살이 되기 전에 방송국을 떠나야겠다고 생각했고, 그래서 나에게 2년의 시간을 주었다. 정해진 시간이 있으니 마음이 급했고 그래서 시간을 쪼개서 더 바쁘게 준비할 수 있었다. 이런 목표가 없었다면 계속 방송을 하고 있었거나, 남들이 정해 놓은 기준을 그냥 따라가는 방송인으로 남았을지도 모른다.

4단계, 결국은 실행력이다

정보를 다 수집했고 방법을 설정했으면 내가 설정한 목표를 바라보며 자신감을 갖고 실행에 옮기면 된다. 그 꿈을 이룬 나의 모습을 상상하면서 지속적으로 노력하면 된다. 중간중간 마음이 약해지고 힘든 순간이 찾아올 수 있다. 이 방법이 맞는 것인지 불안해질 때도 있고, 내가 가는 길에 대한 확신이 없을 수도 있다. 이미 많은 정보를 수집했고, 방향을 정했으니 나의 실력과 방향성을 믿고 굳건히 나아가면 된다.

단기간에 이룰 수도 있겠지만, 시간이 조금 걸릴 수도 있다. 누구와도 아닌 바로 나 자신과의 약속이기 때문에 얼마나 노력했고 시간을 쏟았는지는 가장 정직하게 본인이 알 수 있다. 그래야 이 4단계 기술이 가장 효과적으로 작동될 수 있다. 이 과정에서 내가 현재 어느 정도 단계에 와 있고, 어떤 방향으로 나아갈지 파악하기 위해서 기록을 하는 방법도 함께 병행되면 도움이 된다. 엑셀이든 수첩이든 내가 도전하고 있는 구체적인 내용과 필요한 세부 정보들, 현재 진행 상황, 결과들을 수시로 기록해 한눈에 볼 수 있게 만들면 좋다. 그러면 실패하든 혹은 성공하든 나의 목표와 세부적인 계획들을 참고하면서 보완점을 찾고 계속 스스로를 되돌아볼 수 있다.

지금 일을 그만두면
하고 싶은 건 있고?

직업을 바꿔도
절대 하늘이 무너지지 않는다

이직에 성공한 후 웃으면서 나의 이야기를 들려줄 수 있었지만, 결코 그 과정은 험난했고 쉽지 않았다. 이직을 하려고 마음먹은 것도, 이직을 준비했던 과정들도, 새로운 곳에서의 시작도, 이후의 과정들도 순탄치만은 않았다. 가장 처음 기상캐스터가 아니라 다른 일을 해보면 어떨까 하고 생각했던 것은, SBS 입사 직후였다. 방송인으로서 거쳐야 할 나름의 코스는 다 거쳤다고 생각했고, 목표를 이뤘기 때문에 또 새로운 목표가 필요했다.

초반에는 기상캐스터가 아닌 나의 모습을 상상하는 것부터 막연했다. 방송 활동을 하면서 알게 모르게 얻고 누렸던 일종의 후광 효과들을 과감히 포기하는 것부터 시작해, 과연 내가 방송을 하지 않는 것을 후회하지 않을까, 누군가가 너무도 오고 싶어 하는 이 자리를 나는 쉽게 내려올 수 있을까 하는 생각들로 많이 고민했던 것 같다. 방향이 뚜렷하지 않고 막연하게 고민하던 시기에는 방송을 그만둔다는 생각이 선뜻 들지 않았다. 내가 평범해지는 것이 두렵기도 했기 때문이다. 방송을 하는 전소영만 특별하다고 스스로 생각했던 것 같다. 화려하지 않은, 방송하지 않는, SBS 기상캐스터, 아나운서라는 타이틀이 없는 전소영은 아무 의미 없지 않을까? 하는 생각도 했었다.

그래서 그런 생각이 전혀 들지 않을 때까지 현재에 충실하기로 했다. 마음껏 방송하고, SBS 기상캐스터로서 할 수 있는 다양한 것들을 다 해보기 위해 노력했다. 충분한 고민의 시간들이 있었고, 누구보다 아낌없이 기상캐스터로 살아왔기 때문에 미련 없이 나올 수 있었다. 나와 함께했던 많은 선후배 동료들과 SBS 기상캐스터 전소영으로서의 시간을 되돌릴 수 없다는 것에 대해서는 아련한 마음이 들기도 하지만, 새로운 일에 도전한 것에 대한 후회는 없다. 방송은 꼭 기상캐스터나 아나운서가 아니더라도 다른 통로로 언제든 다시 하게 될 수 있지 않을까 생각한다.

지금 일을 그만두면
하고 싶은 건 있고?

지금 오히려 내 삶은 더 풍족해졌다. 인생에 불행한 순간이 단 한 번도 없는 사람이 있을까? 나 역시 똑같은 사람이었다. 이직으로 향하는 여러 경로를 좁혀 나가는 것부터, 한 번도 써 본 적 없는 일반 기업 이력서를 적는 것부터 시작해, 외국어 시험 점수를 다시 따고, 틈틈이 직무 공부를 했던 시간들은 지금에서야 추억이라 말할 수 있다. 도움받을 곳을 찾기가 쉽지 않았고, 혹시라도 결과가 어떻게 될지 모르니 방송도 최선을 다해야 했다. 또 괜히 가족들이나 주위 사람들에게 걱정 끼치고 싶지 않아서 이 모든 것들을 혼자 견디기로 마음먹었다. 그래서 더 외롭고 힘든 시간들이었다. 대신 나는 힘든 순간이 찾아오더라도 다른 사람보다 되도록 빨리 털어내고, 이겨내고 다음 페이지로 넘어가려고 했던 것 같다. 속상한 일이 생겨도 금방 비워내면서 그 자리에 다른 더 기쁜 일로 채워 회복하려고 애썼다. 슬픈 일로 내 감정이 잠식되어 버려서 결국 일까지 영향을 주고, 아무런 죄가 없는 가족들이나 주위 사람들에게까지 부정적인 감정이 퍼지는 게 싫었다.

뿐만 아니라 하고 싶은 일이 있다면 주저하는 시간을 최대한 줄이고 바로 실행에 옮기려고 했다. 고민할 시간이 아까웠고, 그 시간에 차라리 내가 왜 이런 마음을 가지게 되었는지, 그 일을 실행하기 위해선 무엇이 필요한지에 대해 찾아보는 것이 더 마음이 편했다. 그래서 고민했던 도전을 더 미루지 않기 위해 방송국을 나와야겠다고 생각했고, 여기까지 왔다.

　　직업을 바꿔도, 하던 일이 조금 틀어진다고 해도 하늘이 절대 무너지지 않는다. 방송을 하지 않으면 세상이 무너지지 않을까, 내가 온전히 나일 수 있을까 많이 두렵기도 했다. 기상 캐스터, 아나운서라는 수식어가 없는 나여도 사람들이 인정해 줄까, 모두가 가지는 고정적인 생각을 깨뜨려 보자고, 남들과는 다른 길을 가겠다고 자신 있게 말했지만 과연 아무도 하지 못한 일을 내가 극복할 수 있을까 걱정도 많았다. 오랜 시간 방송만 해왔고, 제일 잘하는 것도 방송인데 다른 일을 할 수 있을까 끝없는 고민을 했다. 그리고 방송이 그리워지지 않을까에 대한 고민도 신중히 했다. 한계를 짓지 않기 위해 한 계단 한 계단 오르며 꿈을 현실로 만들기 위해 노력했고, 그 꿈에 닿았다. 결론은 절대 하늘이 무너지지 않았다. 내가 생각했던 것보다 더 큰 세상이 기다리고 있었다. 내가 뛰쳐나온 방송국 밖의 세상은 훨씬 더 컸고, 넓었다. 그동안 방송 활동을 하며 비교적 다양한 분야의 많은 사람들을 만났고, 다채로운 경험을 하면서 내가 세상에 대해 많이 안다고 생각했지만 아니었다. 아직도 모르는 것이 너무나 많고, 세상에는 내가 알아야 할 것들이 훨씬 많이 기다리고 있었다. 한편으로는 아직도 배울 것이 많다는 것이 기쁘다. 그리고 내가 그동안 잘해온 것들을 활용해 더 많은 곳에 내 능력을 쓸 수 있어서 신기한 마음이다. 매일 김치볶음밥을 먹던 사람은 볶음밥을 만드는 데에는 전문가겠지만 세상에 다른 요리들을 더 맛볼 기회를 놓치고 있는 것이다. 훨씬 더 많은 기회와 즐거움들이 있다는 것을 잊지 말았으면 한다.

두려웠다. 그리고 걱정도 많이 됐다. 내가 해오던 9년간의 일을 접고 새로운 일을 도전하는 것이 과연 가능할지, 그리고 잘할 수 있을지 끊임없이 고민했다. 과연 그리고 이 도전이 성공할지도 확실하지 않았다. 사실 생각은 3~4년 전부터 해왔던 것 같다. 본격적으로 준비하기 시작한 건 최근에 와서지만, 많이 고민하고 준비해서 후회되지 않을 수 있었다. 두려움과 걱정을 긍정 에너지로 바꾸는 방법을 잘 알고 있는 것이 중요하다. 결국 스스로를 믿고, 마음가짐을 어떻게 하는지에 따라 삶의 모습은 크게 달라지기 때문이다. 어떤 선택과 결정을 내린다 하더라도 정답은 없기 때문에 결국에는 다 잘될 것이라는 마음으로 살면 된다. 그리고 부딪치는 과정 자체만으로도 대단한 것은 그만큼 쉽지 않은 일이기 때문이다. 자신감을 가지고 용기 있게 도전해보자. 무엇을 하든 늦은 때는 없으며 설령 생각한 대로 되지 않더라도, 전혀 다른 길을 가더라도 그때마다 또 다른 길이 열릴 것이다. 모든 도전과 선택이 그 나름의 의미가 되어 당신의 내공으로 차곡차곡 쌓이고 있을 것이다.

그렇다면 어떻게 성공적으로 직업을 바꾸고 정착할 수 있을까? 한 가지만 잘해서는 경쟁력이 없다. 결국 하이브리드 인재가 되는 것이 중요하다. 하이브리드는 특정한 목적을 달성하기 위해 두 개 이상의 기능이나 요소를 결합한 것을 말한다. 하이브리드는 각각의 장점을 택해 합친 것으로서 성능이나 경제성 역시 뛰어나다. 그래서 우리는 하이브리드가 되어야 한다. 차도 하이브리드, 문과생도 컴퓨터 공학과 데이터를 전공하는 시대가 되었다. 하나만으로는 너무 아쉽다. 다양한 재능을 가지고 있어야 이직을 할 때에도 나의 강점들을 어필할 수 있으며, 이직 이후에도 그 능력들을 곳곳에서 활용할 수 있다. 낯설고 다른 환경에서 적응하는 것이 쉽지 않지만 그만큼 적응한 이후의 뿌듯함은 훨씬 더 클 것이다. 그리고 그 새로운 환경에서 마음껏 내가 가진 역량들을 발휘해보는 성취감을 맛볼 수도 있다.

지금 일을 그만두면
하고 싶은 건 있고?

새로운 나의 모습을 이미지화하자

　　내가 꿈꿔 왔던 목표를 이룬 나 자신을 상상하는 것은 도전을 앞둔 나에게 큰 힘이 되어줄 것이다. 나의 마음을 가장 잘 아는 것은 가까운 친구도, 가족도 아니고 바로 나 자신이다. 내가 하고 싶은 일이었기 때문에 많은 고민 끝에 비록 힘들지라도 마음을 먹고 준비한 것이다. 그 목표를 이뤄냈을 때의 나의 모습을 상상해보자. 그러면 그 모습을 그리며 꿈에 한 발짝 더 다가갈 수 있다. 지금의 모습이 만족스럽지 않더라도 새롭게 적응한 나의 모습을 상상하는 것만으로도 스트레스가 좀 줄어들 수 있다.

　　방송을 꽤 오랜 시간 해왔기 때문에 방송을 하지 않는 나를 상상하는 것이 처음에는 좀 어려웠다. 내가 이직을 하게 된다면 가지게 될 모습과의 차이도 굉장히 크다고 생각했기 때문에 더 상상하기가 쉽지 않았다. 그래서 방송 진행자로서의 나의 모습은 내가 충분히 잘 알고 있으니, 내가 가고 싶은 제2의 직장을 잘 다니고 있는 사람들을 찾아보았다. 내가 가고 싶은 회사, 가고 싶은 업무를 하는 사람들의 SNS나, 유튜브, 책, 인터넷을 찾아보면서 상상했다. 내가 저 일을 하게 되면 어떤 모습이고, 나는 어떤 사람으로 그 일을 하게 될 것인지 말이다. 도전의 과정에서 힘들고 무기력해지는 순간마다, 내가 이루고 싶은 모습에 이미 도달한 사람에 빗대어 내 모습을 상상하고 이미지화하는 것만으로도 긍정의 기운을 많이 느끼면서 극복해낼 수 있었다. 내가 하고 싶고, 이루고 싶은 꿈이 있다면 그 꿈을 먼저 이룬 사람들의 모습 속에 나를 투영해봐도 좋다. 내가 간절히 되고 싶은 모습을 상상하며 잠들어보자. 낮에는 치열하게 준비하며 살다가도 밤에는 항상 그런 나를 그리면서 행복하게 잠들었던 것 같다. 상상은 무제한으로 마음껏 이용할 수 있다.

아낌없이 동기 부여해주자

결국 삶을 만들어가고 가꾸는 것은 나 자신이다. 그동안 이뤄내고, 쌓인 경험들을 바탕으로 새로운 삶의 방향으로 커리어를 확장하는 나 자신을 아낌없이 칭찬하고 인정해줘야 한다. 그냥 머물러 있어도 되는데, 현재에 안주하지 않고 새로운 도전을 꿈꾸는 나를 누구보다 격려해 주어야 한다. 그리고 꼭 잘 되지 않더라도, 혹여라도 어려움이 있더라도 삶을 확장시켜 나가는 것만으로도 충분히 가치가 있다는 것을 잊어서는 안 된다. 성공의 여부도 중요하지만, 작은 성취를 해나갈 때마다 작은 보상이든, 선물을 스스로에게 주면서 나 자신을 인정해주고 칭찬해주자. 그러면 힘들고, 막막한 순간이 와도 더 잘 이겨낼 수 있는 힘이 생긴다. 마음을 먹고 준비하고, 길을 바꾸기까지 혼자 불안해하고 두려웠던 시간들을 너무 잘 알고 있기 때문에 당신은 아낌없는 칭찬을 받을 자격이 충분하다. 그래서 나는 힘이 들 때마다 나에게 가끔 하루 정도 아무것도 안 하고 푹 쉴 수 있는 휴식 시간을 주거나, 더 자신감을 가질 수 있게 갖고 싶은 물건을 사는 방식으로 스스로에게 주기적인 선물을 주었다. 적절한 동기 부여는 더 나은 결과를 보장한다.

불안 요소를 없애자

마음의 짐이 있다면 해결해야 할 것들을 차분히 적어보자. 빠르게 처리해야 할 일, 그리고 시간이 조금 필요한 일들을 나누어서 정리해보는 시간을 가져보자. 종이를 꺼내 내 마음에 쌓여 있는 불안하고, 걱정되는 요소들을 하나하나 적어보면서, 그 해결책을 찾는 것인데 실제로 큰 도움이 된다. 일단, 계속해서 불안한 요소들을 적고, 어려운 점들을 적는 것은 그만큼 내가 지금 이 순간 하고자 하는 일이 쉽지 않고 아무나 할 수 없다는 것을 뜻한다. 아이러니하게 두렵고 걱정되는 일이 많다는 것은 나의 도전이 그만큼 더 값진 의미로 되돌아올 것이라는 뜻이기도 하다. 생각을 정리하며 기록하다 보면 생각보다 두려워할 만한 일이 아니었다는 것도 스스로 느낄 수 있고, 해결책을 고민해 보면서 그 불안 요소를 함께 없애버릴 수도 있다. 불안하고, 걱정이 되면 그렇지 않게 만들면 된다. 이직을 준비하면서 적은 나의 노트에는 온통 깊은 한숨이 느껴지는 불안정한 글씨체, 자책과 슬픔이 가득 묻어난다. 그만큼 쉽지 않은 결정이었고, 어려운 도전이었다는 것을 반증하기 때문에 스스로 더 뿌듯하고, 아낌없이 내 자신을 칭찬해주고 싶다.

개척 정신으로 이겨내자

새로운 도전을 준비하다 보면 두려움이 생기는 것은 너무나 당연하다. 인생을 두 번 살아본 사람은 없다. 나도 처음이고, 당신도 처음이고 모두가 처음이다. 서툰 것은 당연하다. 더군다나 오래 해오던 일을 버리고 새로운 일에 과감하게 도전하는 것은 더 막막하고, 무섭다. 아무도 해보지 않은 일이고 나조차도 시도해보지 않았기 때문에 결과를 몰라서 더 두려울 수 있다. 그런 불확실함에도 불구하고 내가 마음을 먹고 도전을 준비한 데에는 분명한 이유가 있다. 지금의 상황보다 더 나은 부분을 위해 그 불편함과 어려움을 감수하고 도전한 것이며, 내가 바꾸고 싶었던 무언가를 위해 지금 이렇게 노력하고 있는 것이다. 마음이 흔들릴 때도, 불안할 때도 있겠지만 그럴 때일수록 나 자신을 믿으면서 처음 마음먹었던 때를 떠올려 다시 강하게 해보자. 스스로에 대한 확신이 없으면 아무 일도 할 수 없다. 할 수 있다는 마음으로, 준비한 것들을 차근차근 실행해보며 잘할 수 있다는 긍정적인 마음으로 도전해보자.

누구나 새로운 일을 시작하기 전에 두렵고 걱정이 된다. 해보지 않고, 잘 모르는 분야라면 더더욱 그렇다. 이러한 감정과 두려움이 전혀 잘못된 것이 아님을 알아야 한다. 그리고 받아들여야 한다. 대신 그 두려움의 감정에 사로잡히지 말고 이겨내야 한다. 걱정에 휩싸여 무의미하게 흘려보낼 시간에 두려움을 줄일 수 있는 방법을 찾으면 된다. 더 잘 적응할 수 있는 방법을 찾으면 되고, 새로운 곳에서 생길 변화와 낯섦을 즐기려고 노력하면 된다. 불안감과 초조함보다는 설렘으로 준비하면 된다.

남들이 가지 않는 길을 갈 때의 설렘을, 누구도 시도해 보지 않은 도전을 스스로 이뤄냈을 때의 짜릿함과 뿌듯함을 만끽해 볼 준비가 되었는가? 그 과정은 비록 순탄치 않을 수 있고 극복해 나가야 할 많은 장애물이 있을 수 있지만, 그 산을 뛰어넘었을 때의 기쁨은 평탄한 길을 걸었을 때보다 몇 배의 성취감을 선사해줄 것이다. 등산하는 사람들이 그 과정이 힘듦에도 불구하고 산 정상에 올랐을 때의 기쁨 때문에 등산을 계속하는 것이라고 한다. 하물며, 아무도 가지 않는 산을 나 홀로 누리고, 정상을 정복할 수 있다면 그 기쁨은 어느 정도일까? 그리고 내가 닦아온 그 길이 어느 순간 새로운 길이 되어 있을 때의 마음은 어떨까? 그것이 내가 계속해서 도전하고, 꿈꾸는 이유다.

〔 부록 3 〕

회사에서 업무 보고 &
프레젠테이션 잘하는 기술

조직에서 일을 잘하는 것만큼이나 중요한 기술 중 하나
는 바로 보고를 잘하는 것이다. 아무리 일을 잘해도 내가 준비
한 업무 내용의 보고를 제대로 하지 못하면 말짱 도루묵이다.
보고는 곧 프레젠테이션 기술인데, 효과적인 방법 몇 가지만 익
히면 도움이 될 것이다. 팀장, 임원으로 높이 승진하는 사람의
두 가지 특징이 있다고 한다. 첫 번째는 자료를 잘 만들어야 하
고, 두 번째는 프레젠테이션을 잘해야 한다고 한다. 그만큼 나
의 생각을 드러내고 표현하는 발표와 보고 기술은 매우 중요한
역량이라고 할 수 있다.

특히나 요즘처럼 조직 내에서 수평적인 문화를 강조하고 있고, 개개인의 능력과 역량을 스스로 어필해야 하는 시대에서 나의 의견을 효과적으로 전달하는 커뮤니케이션 능력은 필수다. 기업의 경우 상급자에게 혹은 구성원들에게 업무 보고를 해야 하는 상황이 굉장히 많다. 꼭 회사가 아니더라도 대학교를 비롯해 내가 속한 곳에서 나의 의견과 내가 준비한 것들을 발표해야 하는 상황은 피할 수 없다. 보고의 기술, 프레젠테이션 기술을 제대로 인지하지 못하면 내가 준비한 내용을 효과적으로 보고할 수 없을 뿐더러 준비한 것도 채 말하지 못하고 내려올 수도 있다. 몇 가지 팁만 잘 기억해 둔다면, 효과적이고 인상 깊은 방식으로 준비한 내용을 보고할 수 있다. 깔끔하고 전략적인 프레젠테이션 기술을 알고 활용할 수 있는 사람은 좋은 인상을 심어줄 수 있다. 다음은 보고와 프레젠테이션을 잘할 수 있도록 몇 가지 기술을 공개한다.

내가 속한 조직에서 효과적으로 업무 내용을 보고해야 할 일이 있는가? 한 번쯤은 다른 이들에게 기억에 남을 만한 멋진 발표를 해보고 싶은가? 자료를 열심히 만들어놓고도 프레젠테이션을 망칠까 두려운가? 그렇다면 다음 글을 주목하자.

지금 일을 그만두면
하고 싶은 건 있고?

1. 로봇처럼 말하지 말고 '대화'를 하자

딱딱하게 서서 혹은 앉아서 준비한 내용을 로봇처럼 기계적으로 토씨 하나 틀리지 않게 말하는 것이 중요한 게 아니다. 보고도 프레젠테이션도 결국에는 나의 메시지를 성공적으로 누군가에게 전달해야 하는 '대화'의 과정이라는 것을 명심하자. 대화는 귀를 막고 줄줄 나의 이야기를 뱉어내는 것이 아니라 이야기를 주고받는 것이다. 그렇기 때문에 내가 준비한 내용을 상대방이 잘 이해하며 따라오고 있는지 수시로 반응을 체크해야 한다. 우선 보고의 경우, 업무와 관련한 내용을 다루다 보니 상대적으로 딱딱한 내용이 대부분이다. 또 상급자에게 알려야 한다는 점에서 부담스럽고 어려운 것은 당연하다. 하지만 일방적으로 준비한 내용만 후다닥 말하고 나오는 것은 내가 아닌 누구라도 할 수 있는 일이다. 보고가 '대화'가 되기 위해서는 내가 열심히 준비하고 기획한 내용에 대해서 상대방은 어떻게 생각하는지, 부족한 점은 없는지, 보완할 점은 무엇인지 중간중간 의견을 물어보는 것이 좋다. 해당 보고 내용에 대해서는 내가 가장 명확히 잘 알고 있고 전문가이기 때문에 그 내용을 잘 모르는 다른 사람에게 전달할 때는 상대방이 잘 이해할 수 있도록 설명해주고, 질문하고, 반응에 귀 기울여야 한다. 보고를 하는 데에만 급급해서 피드백을 귀담아 듣지 않는다거나 내 이야기만 일방적으로 하는 것을 조심하자. 또한 좀 더 편안한 대화의 느낌을 원한다면 군대에 온 것처럼 뒷짐을 진다거나 멀뚱멀뚱 서서 보고를 하는 것보다는 적절한 제스처를 사용하는 것도 큰 도움이 된다. 제스처를 처음 사용해본 사람들은 어색해하는 경우가 많은데, 친구들과의 자리에서나 가족들과 대화할 때부터 편하게 제스처를 연습해보는 것도 도움이 된다. 중요한 문장에서나, 강조하고 싶은 부분에서 좀 더 천천히 강조하듯 말하는 것이 좋고 핵심적인 내용에서는 목소리를 크게 낸다거나 제스처를 사용하여 손을 뻗거나 포인터를 활용해 강조하는 것도 도움이 된다.

2. 시작은 가벼운 유머로 하자

보고에 들어가기 전 긴장이 된다면 연습만이 답이다. 계속해서 시뮬레이션을 해보면서 불필요한 말들은 삭제하고, 말을 다듬어 나가는 것이 도움이 된다. 무조건 장황하고 길게 이야기하는 것보다는 효과적으로 압축해 전달한 내용이 더 기억에 남는다. 보고를 받는 사람이 내가 준비한 내용에 집중할 수 있도록 몇 가지 기술을 익혀두면 좋다. 그 기술이 빛을 발하기 위해서는 무엇보다 먼저 자신감을 가지는 것이 중요하다. 상

지금 일을 그만두면
하고 싶은 건 있고?

급자라고 해서 주눅 들거나 긴장한다면 혹은 너무 여러 사람 앞이라 떨려서 내가 준비한 내용을 채 말하지도 못하고 방을 나온다면 후회만 남을 것이다. 이러한 긴장감과 불안감을 조금 낮추기 위해 보고 서두에 가벼운 날씨 이야기나, 서로에 대한 칭찬으로 분위기를 전환시켜 보는 것이 도움이 된다. 보고가 이루어지는 회의실의 풍경, 오늘 아침의 컨디션, 요즘의 고민, 보고를 준비하면서 힘들었던 에피소드들을 이야기한다면 어찌 당신의 보고에 관심이 가지 않을 수 있겠는가? 초반에 가벼운 대화들을 첨가한다면 서로를 팽팽하게 당기고 있던 긴장감이 조금 느슨해질 것이다. 프레젠테이션 역시 마찬가지다. 준비한 PPT에만 의존해서 내용을 전달하는 것보다 초반에 청중들과 가볍게 질문을 주고받는다거나 가벼운 유머를 던지면 프레젠테이션은 어떤 발표보다 오래 기억에 남을 것이다.

3. 모든 보고는 핵심만 말하자

하고 싶은 말도 많고, 해야 할 말도 많으면 정리가 제대로 되지 않는다. 듣는 사람도 혼란스러워진다. 한 문장 안에 너무 많은 내용을 담으려고 하다 보니, 문장이 길어지게 된다. 그래서 의식적으로 문장을 최대한 간결하게 하려고 노력해야 한다. ~하는데, ~해서, 그래 가지고~ 어~, 이런 식의 불필요한 말들을 첨가해서 말을 길게 이어 나가는 것을 조심해야 한다. 거창하고 길게 말한다고 그 문장이 설득력을 가지는 것도 결코 아니다. 문장이 자꾸 길어지다 보면 정작 듣는 사람은 하고 싶은 이야기가 무엇이고, 무엇이 중요한 것인지 파악하기가 어려워진다. 표현하고 싶은 말들이 많더라도, 충분히 짧은 문장을 연결해서 할 수 있다. 편한 자리에서 나의 생각이나 의견을 두서없이 말할 때와 다르게 보고나 프레젠테이션을 할 때에는 정해진 시간에 핵심만 요약해서 간결하게 말하는 것이 중요하다. 길어지면 지루하고, 집중력도 흐트러진다. 짧은 시간 안에 효과적으로 우선순위를 파악해서 내용을 정리해야 한다.

이미 한 말을 자꾸 되풀이하지 않고, 핵심만 말하기 위해서는 발표 자료 이외에 따로 〈키워드 수첩〉을 만들어두는 것이 좋다. 15분 동안의 발표 시간에 꼭 빼놓지 말아야 할 키워드만 정리해두는 것이다. 처음부터 끝까지 틀리지 않고 내용을 말하려고 하다 보면 오히려 더 생각이 나지 않거나, 빠뜨리는 것이 생길 수 있다. 그럴 때 키워드 몇 개만 기억해두면 그 키워드를 보고 내용을 연상시킬 수 있고 핵심만 간단히 말할 수 있는 연습도 가능해진다. 나는 중요한 발표 직전에 발표 자료보다는 키워드만 적어놓은 수첩으로 연상해서 말하는 연습을 하고 들어간다.

요점만 간단히, 그리고 준비한 내용을 빠뜨리지 않고 후회 없이 전달할 수 있는 방법이다.

4. 긴장된 마음은 최대한 컨트롤하자

회사에서 보고가 어려운 이유는 시간이 충분하지 않기 때문이다. 그리고 더 큰 문제는 조직의 특성상 내가 준비한 내용을 편안하게 말할 수 없는 매우 경직되고, 엄숙한 분위기라는 것이다. 그럼에도 불구하고 우리는 보고를 해야 한다. 누구에게나 어렵고, 쉽지 않고, 긴장되는 상황이라는 것을 받아들이자. 아무 거리낌 없이, 자신감 넘치게 발표할 수 있으면 물론 좋겠지만 잘하고 싶은 욕심이 앞서고 불안한 것은 당연하다. 처음부터 잘하는 사람은 없기 때문에 최대한 피하려고 하지 말고 발표, 보고의 기회가 있다면 자진해서 여러 번 해보길 바란다. 처음은 어렵지만, 자꾸 할수록 발표의 두려움에서도 벗어날 수 있다. 피할 수 없는 것이고 이왕 해야 하는 것이라면 여러 번 기회를 만들어서 자꾸 해보기를 추천한다. 나 역시 처음 방송했을 때 많이 긴장했다. 시청자들은 눈치 채지 못했겠지만, 내 스스로 100%로 나의 실력을 보여줬다는 느낌은 아니었다. 하지만 매일같이 방송을 하다 보니 생방송 중에 즉석에서 시간을 늘렸다 줄이는 멘트 능력도 생기고, 긴장도 안 하고, 더 잘할 수 있게 되었다. 강연도 마찬가지다, 평소 잘 떨지도 않고, 여러 사람 앞에서 말하는 것에 거리낌이 없는 나조차도 당연히 프레젠테이션을 할 때면 긴장되는 것은 당연하다. 다만, 긴장을 줄이기 위해 마인드 컨트롤을 계속하고 더 완벽하기 위해 수없이 연습하고 노력한다. 우리가 잘 아는 애국가를 부를 때는 긴장하지 않는다. 왜냐하면 잘 알고 많이 불러봤으니까. 갑자기 미국 국가를 부르라고 하면 긴장되고 당황한다. 해 본 적이 없고 모르니까. 그만큼 발표, 보고는 많이 해 볼수록, 회를 거듭할수록 잘하게 된다. 그러니 자신감을 가져라.

5. 메시지를 담자

대부분의 보고는 상급자가 시켜서 혹은 하던 일이라서 타성에 젖어 진행되는 경우가 많다. 하지만 의미 없는 보고는 없으며, 모든 발표에는 목적이 있다. 보고에 의미를 찾지 못하고 의무적으로 기계처럼 말하고 끝내고 싶다면, 몇 날 며칠 자료를 만들고 준비하며 지새우던 밤들이 너무 아쉽지 않은가? 지금 내가 하고 있는 일들이 전체 회사에서 극히 일부분일지라도, 그 일부분이 모여 회사 전체가 돌아간다. 그런 마음을 가지고 내가 하고 있는 지금 이 보고가 왜 이 시점에 중요한 것이며, 이전과는 어떤 방식으로 다르게 일을 진행하려고 하는 것인지 그리고 그 과정에서 무슨 의미를 발견해낼 수 있는지 고민해보는 것이 도움이 된다. 그래서 내가 하고 있는 일들에 '메시지'를 담는 작업이 중요하다. 딱딱하고 어려운 내용일지라도 결국 나의 보고와 프레젠테이션이 지향하는 것은 무엇인지 메시지를 담는다면 사소한 보고도 특별해지는 경험을 할 수 있다. 내가 하고 있는 일에 대한 자부심도 생길 수 있고, 스스로 의미 있는 일을 하고 있다는 뿌듯함도 만끽할 수 있다.

내가 하는 발표에 의미 있는 메시지를 담기 위한 방법은 그리 어렵지 않다. 스스로 담고자 하는 메시지를 고민하고, 효과적으로 전달하면 된다. 평소 존경했던 인물의 어록이나 인상 깊었던 글귀 등을 메모장에 잘 적어둬라. 많이도 필요 없고 정말 한두 문장 정도만 기억해두고, 그 문장을 적재적소에 활용해보자. 딱딱하게 사무적이고 업무적인 내용만 보고하기 전에 좋은 문장이나 글귀들을 적절히 인용하면 센스 있는 인상을 심어줄 수 있다. 그리고 표현하고자 하는 바를 좀 더 효과적이고, 오래 기억에 남도록해 줄 수 있다. 어떤 문장을 고를지 어렵다면, 책을 읽거나 신문을 읽을 때 따로 표시해두고 핸드폰에 적어두거나 좋아하는 스포츠 선수, 연예인이 했던 인상 깊었던 말을 TV를 보면서 기억해뒀다가 적어두면 된다. 활용 방법은, 이를테면 "골프여제 박인비 선수가 이런 말을 했습니다. '어쩌고 저쩌고', 지금 딱 저의 상황과 비슷한데요." 이런 식으로 말을 풀어나가면 도움이 된다.

지금 일을 그만두면
하고 싶은 건 있고?

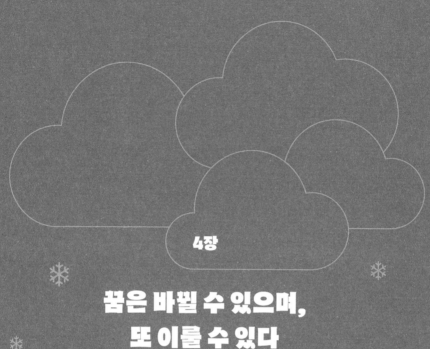

4장

꿈은 바뀔 수 있으며,
또 이룰 수 있다

이직,
이제부터 시작이다

　　방송국을 떠나 일반 기업의 구성원이 된 지 1주년이 지났다. 나는 생각했던 것보다 더 이방인이었다. 처음에는 내 마음도 그렇고 회사 사람들도 나를 물 위에 떠 있는 기름 한 방울이라고 생각했던 것 같다. 내가 일하고 싶은 곳에, 누가 시켜서도 아니고 제 발로 걸어왔는데, 잘 섞이지 못하는 기분이 들었다. 그도 그럴 것이 처음에는 완전히 다른 환경에서 적응하는 시간부터 쉽지 않았다. 하나부터 열까지 너무 달랐다. 하루 종일 앉아서 모니터를 보고 일하는 것, 하루에 8시간 이상 근무, 점심시간은 1시간, 상급자에게 무슨 일이 생기거나 어떤 일을

꿈은 바뀔 수 있으며,
또 이룰 수 있다

진행할 때 보고해야 하는 것, PPT 장표를 만들고 엑셀을 다루는 것, 무언가를 계속 기획하고 운영하는 것, 모르는 것 투성이의 업무 용어들. 날씨와 방송에서는 전문가였는데 하루아침에 아무것도 모르는 바보가 된 기분이었다. 그래도 포기할 수 없었다. 어떻게든 내 발로 왔으니 버티고 배우자라는 생각으로 물먹는 하마처럼 계속 정보를 흡수하고 배우려고 노력했다. 하루에 8시간 이상을 매일 일하며 부딪치고, 많은 프로젝트를 함께하고 여러 업무를 하다 보니 이제는 좀 섞였을까. 섞였겠지? 물과 기름은 전혀 섞이지 않을 것 같아도 세제나 비누를 넣으면 잘 섞인다고 한다. 업무를 함께한 시간들, 사무실에서 오며 가며 부딪쳐온 시간들, 그새 쌓인 회사에서의 추억들 그리고 나의 노력이 비누가 되어 융화되었나 보다.

이제부터 진짜 시작이다. 전혀 다른 직업으로서의 이직을 후회하냐, 만족하냐고 물어본다면 후회는 안 하고 만족하지는 않는다고 말하고 싶다. 지금 이곳에서 더 많이 배우고, 능력을 더 발휘해서 더 잘 적응하는 것이 중요하지만 그렇다고 마냥 안주하고 싶지는 않기 때문에 100% 만족한다고 말할 수는 없을 것 같다.

방송하는 여성에 대한 편견을 깨부수고 싶었다. 방송은 하면 할수록 노련해지고, 노하우가 쌓이게 되어 시간이 갈수록 점점 더 잘할 수 있게 되는 분야다. 다만, 안타깝게도 대부분의 많은 선배들이 한창 본인의 능력이 쌓이고 그 재능을 활용할 수 있는 시기에 아기를 낳아서, 혹은 결혼을 해서, 혹은 원치 않았지만 타의에 의해 하고 싶은 일을 멈추는 경우가 많다. 그런 상황들을 지켜보며 늘 안타깝고 속상했다. 방송을 계속할 수 있다고 하더라도 내가 그 방송의 판을 직접 짜고 참여하고 운영하는 역할이라기보다는, 능력과 재능은 상관없이 항상 '선택'받아야 하는 입장이 되는 것이 답답했다. 시간이 지날수록 방송 역량은 커지는데 실제로 방송하는 여성으로서의 가치는 반비례하는 것 같았다. 또 방송하는 일반인, 유튜버의 활약, 플랫폼의 확대 등으로 점점 방송인과 일반인의 구분이 약해지면서 방송을 하는 사람으로서의 역할에 대한 고민도 많이 들었다.

나는 방송인으로서 어떤 길을 가야 할까 하는 고민을 많이 했던 것 같다. 나만의 뚜렷한 전문성이 없으면 시간이 지나서 아무도 찾지 않는 사람이 될 수도 있다는 생각을 했다. 그래서 나의 무기를 계속해서 만들기 위해 노력했다. 그것이 날씨든, 대학원 공부든, 강의든 내가 남들보다 잘할 수 있는 여러 분

꿈은 바뀔 수 있으며,
또 이룰 수 있다

야를 파고들어 준비하고 확장시켜 나갔다.

　　사실 지상파 기상캐스터로 일하고 인지도를 쌓아 여러 사내 아나운서, MC로 활약하면서 안일하게 생각한 적도 있었다. 실제로 그랬다. 인지도도 적당히 쌓았고, 방송 경력도 차곡차곡 쌓여 갔고, 내가 잘할 수 있는 일이었고, 시간이 흐르다 보니 자연스럽게 일은 편해졌다. 프리랜서로서 들어오는 외부 활동들을 하면서 생기는 행사를 통해서도 적지 않은 돈을 받을 수 있었다. 간간이 취미 생활을 하고 여유로운 시간이 많은 이런 삶도 나쁘지 않았다.

하지만 반복적인 일을 하면서 편해진 이 상황이 싫었고 좀 더 나를 닦달해 새로운 것을 해보고 싶었다. 아직 나는 할 줄 아는 것이 더 많은데 그것을 좀 더 다방면에 활용하면 좋겠다는 생각이 들었다. 내가 가진 여러 능력 중 하나의 능력에만 치우쳐 다른 능력들을 보여줄 수 없다는 것이 답답하기도 했고, 새로운 자극이 필요했다. 더 나를 자극해서 내가 더 발전할 수 있고, 챌린지 할 수 있는 무언가가 필요했다. 그래서 방송 일이 아닌 다른 일을 하면서 내가 좀 더 내 목소리를 낼 수 있고 주체적으로 일을 할 수 있다면 좋겠다는 생각을 했다. 외면뿐만 아니라 내면의 나의 여러 생각, 의견 그리고 아이디어를 좀 더 반영해서 뭔가를 기획하고, 운영해보고 싶었다.

대부분의 지상파, 종편, 혹은 케이블의 아나운서나 기상캐스터의 향후 행보는 계속 그 자리를 지켜내거나, 기업의 사내 방송 아나운서로 들어가거나, 프리랜서 방송인으로의 도약 혹은 쇼호스트, 스피치 강사 등의 커리어로 확장시키는 경우가 많다. 방송을 하는 많은 사람들은 대부분 그 일이 좋아서 하는 경우가 많다. 그래서 아무리 처우나 환경적으로 여건이 좋지 않음에도 불구하고 여전히 선망의 직업으로 여기는 이유일 것이다.

다만, 나는 조금 생각의 방향을 바꿔보기로 했다. 모두가 예측할 수 있는 경로로 따라가고 싶지 않았다. 그래서 안간힘을 썼던 것 같다. 사람들이 기대하는 삶의 모습에서 벗어나 내가 쌓아온 경험과 역량들을 살려서 새로운 것을 도전해보고 싶었다. 온전히 나를 위해서. 해보고 후회하는 것이 더 낫다고 늘 생각해왔기 때문에 불가능할지라도 일단 준비하고 부딪쳐보기로 했다. 물론, 아무리 열심히 준비하더라도 확실한 미래가 보장되지 않았기 때문에 불안했고, 걱정도 많이 했다. 그동안에도 방송을 하면서 여러 도전을 해왔지만 이번에는 전혀 다른 분야로의 도약이었기 때문에 자신감이 100% 있던 것은 아니었

꿈은 바뀔 수 있으며,
또 이룰 수 있다

다. 고민을 하는 과정에서 내가 준비하는 이 도전이 성공하지 않을 수 있다는 생각도 했었고, 그것에 대한 대안도 준비해야 했다. 준비하는 과정이 마냥 쉬웠다고는 할 수 없지만 힘들지는 않았다. 지금 내가 하고 있는 도전들, 공부 혹은 여러 노력들이 당장 빛을 발하지 못하더라도 언젠가는 다 쓸모가 있을 것이라고 믿었기 때문이다. 불안한 마음 한편에는 그래도 그 과정들이 보람찼고, 어떤 방식으로든 나를 발전시키는 과정이었기 때문에 견딜 수 있었다. 나 자신을 위한 준비였기 때문에 지치지 않았고, 당장은 싹을 피워내지 못한다 할지라도 뿌리 깊은 씨앗들을 차곡차곡 심는 과정이라고 생각했다.

기업으로의 이직 1년 차. 나는 이방인이었다. 겉으로 표현하는 이도 있었고, 그러지 않은 사람들도 있었지만 나는 한국 기업이 가지고 있는 보수적이고, 수직적인 조직에서 낯선 존재였다. 방송은 나를 드러내는 일이었지만 기업은 오히려 그 반대였다. 혼자 튀지 않기 위해 적응하려고 많이 애썼다. 누가 이직하라고 등 떠민 것도 아니었고, 방송 그만하라고 한 사람도 없었고, 멀쩡히 잘 다니고 있던 방송국에서 나와 기업에 내 발로 들어갔기 때문에 힘들다고 말할 수가 없었다. 힘들다고 하면 큰일 날 것 같았다. 다른 사람보다 적응력도 빠른 편이라고 자부했고, 워낙 그동안에도 여러 분야의 다양한 사람을 만나왔기 때문에 새로운 환경에 적응하는 것에 대해 크게 거부감이 없지만 그래도 힘들긴 했다. 체력적으로도 정신적으로도 큰 도전이었다. 어깨가 뭉치고 허리는 또 왜 이렇게 아픈지 시큰시큰했다. 하지만 꼭 이겨내고 싶었고, 시간이 지나면 적응할 수 있을 것이라는 확신이 있었다. 갑자기 기상캐스터가 되었던 것처럼, 생각지도 않았던 대학원 박사과정 공부까지 했던 것처럼 인생은 원래 그런 것이니까 할 수 있고, 이내 지나갈 것이라는 마음으로 하루 이틀을 버티다 보니 어느새 1년 차 어엿한 직장인이 되었다. 개인적인 생각이지만 회사에서 이제는 많이 튀는 존재는 아닌 것 같다.

꿈이 하나일 수는 없다. 거창한 꿈이 아니더라도 살면서 꼭 한 번쯤은 해보고 싶고, 이루고 싶은 일들이 다 나의 소망이고 꿈이다. 꿈의 사전적 정의를 찾아보면 '실현하고 싶은 희망이나 이상'이라고 나온다. 꿈은 그러므로 한 가지일 수가 없다. 또, 꿈은 언제든 바뀔 수 있다. 앞으로의 삶은 내가 생각했던 것과 다르게 전개될 수 있다. 내가 여태 그린 꿈이 지금의 꿈과 달라도 괜찮다. 어릴 적 막연히 생각해 왔던 그 꿈이 아니어도 된다. 바뀐 꿈도, 전혀 생각지 않았던 방향도 다 괜찮다.

꿈은 바뀔 수 있으며,
또 이룰 수 있다

"방송 일도 꽤 오래했는데, 이직을 왜 하셨어요?"

나는 왜 이직을 했냐는 질문을 수만 번 받았다. 인생을 살아가면서 예상치 못하게 삶의 방향이 달라지는 순간들이 있었는데 돌아보면 유사한 공통점이 있다. 마치 한 편의 영화 예고편처럼 전조 증상들이 있었다. 언뜻 친구와 나눴던 이야기에서, 혼자 영화를 보면서 상상했던 모습에서, 버스를 타고 가다 창밖을 보고 불현듯 떠올렸던 순간 속에서 실현되기도 했다. 이거 녹화 아니고, 라이브다. 꿈꾸는 것도 아니다. 이제 좀 알겠다. 한동안은 잠도 설치고, 퇴근하면 지쳐 쓰러져 잠들기 바빴는데 이제 나름대로 퇴근 후 삶도 즐기려고 애쓰고 있다. 방송국과 기업은 달라도 너무 다르다. 나는 관심도 없었던 직장인 관련 유머를 찾아보고 있고, 주말만 되면 그렇게 아쉬울 수가 없다. 달력을 보면서 휴일 찾아 동그라미 하기도 필수다(방송을 할 때에는 휴일이 없었다). 나 이제 직장인 다 됐다.

방송을 1년 하고 이직한 것도 아니고, 9년을 전혀 다른 곳에 있다가 왔으니 그들도 나도 당황스럽긴 마찬가지다. 낯설고도 낯선 이곳에서 일한 지 1년이 지났는데 체감상으로는 6년 정도 지난 느낌이다. 사무실 모니터 앞에서 멍하니 타자를 두들기며 일하다가도 문득 내가 지금 뭘 하고 있는거지? 나 지금 어디 있는 거지? 깜짝 놀란다. 열정은 많지만 그렇다고 내가 모든 상황과 경험을 다 해본 것은 아니니까. 나도 겁이 난다. 나 역시 100% 확신을 가지고 걸어가고 있는 것은 아니다. 맞고 틀리고를 떠나서 그냥 아무도 가보지 않은 내 삶을 지금 이 순간에도 만들어가고 있을 뿐이다.

하지만 늘 그래왔듯이, 나는 어떻게든 여기에서 꼭 최선을 다하고 말 것이다. 어차피 삶에는 수많은 샛길이 존재한다. 누구나 불안하고, 이를 피할 수 없지만 포기하지 않는 삶의 태도는 우리를 성장하게 만들어줄 것이다. 마냥 즐거운 것만 할 수 없다. 새로운 곳으로 이직을 성공한 당신, 이제부터가 다시 시작이다. 그렇다면 새로운 곳에 잘 적응하는 방법은 무엇일까? 이직러 선배로서 몇 가지 조언을 하자면 다음과 같다.

나에게 여유를 주자

너무 빨리 적응해야 한다는 조급함에서 벗어나서, 적응하느라 긴장하는 나를 돌보는 것이 중요하다. 새로운 곳에 가면 그곳에서 빨리 성과를 내고 무언가를 보여줘야 한다는 암묵적

꿈은 바뀔 수 있으며,
또 이룰 수 있다

인 압박에 스스로를 더 압박하고 괴롭힐 위험성이 있다. 나 역시 힘들면 안 될 것 같다는 생각에 사로잡혀서 자신을 괴롭혔던 시간이 있었다. 자신에게 여유와 시간을 주고 천천히 몸도 마음도 적응하는 것이 중요하다. 최소 6개월 정도는 시간을 가지면서 차근차근 낯선 환경에 적응하며, 일을 배우고 익혀가는 게 좋다. 장기적인 관점에서는 고작 몇 달 차이 몇 년 차이는 아무것도 아니다. 지금은 어렵고 혼란스러울지라도 누구나 시간을 가지고 배우고 익히면 할 수 있다. 이직까지 성공했다면 무조건 당신은 해낼 수 있다. 다만, 초반에 너무 지치지 않도록 여유를 꼭 가지며 적응하자.

회사에서 마음 맞는 한두 명을 두자

아무리 사회생활이 힘들고, 살벌하다고 하지만 좋은 사람들은 꼭 있다. 결국 사회생활에서도 사람으로 위로받고 힘을 얻게 된다. 개인적인 것들을 회사에서 오픈할 필요도 없고 너무 많은 이들에게 나의 속 얘기를 할 필요도 없다. 회사에서 많은 사람들과 너무 깊이 친해질 필요도 없지만, 마음 맞는 사람 한두 명쯤은 있어도 괜찮다. 나와 결이 맞고, 대화가 잘 통하고,

함께 있으면 편한 사람들과 시간을 보내며 스트레스를 풀자. 조직에 속하다 보면 그 순간에는 그곳이 전부인 것 같고, 그 세상이 나의 전부라는 생각이 들어서 반복되는 인간관계로 인해 지치기도 하고 벗어날 구멍이 도무지 없어 보이지만, 문밖을 나서면 아무것도 아니다. 세상은 넓고 그게 전부가 아니다. 마음을 여유롭게 가지고, 싫은 사람은 그냥 무시하면 된다. 나를 아껴주고 좋아하는 사람과 시간을 보내도 충분하다. 지치는 회사 생활에 함께 공감하고 이야기를 나눌 수 있는 상대가 있는 것만으로도 큰 힘이 될 것이다.

작은 성취감부터 느끼자

도전을 막 마친 직후인데 또 다른 엄청난 성취를 꿈꾼다거나 이전에 없었던 너무 극단적인 계획을 잡는 것은 오히려 자신을 불행하게 만들 뿐이다. 새로운 곳에 와서 내가 할 수 있는 아주 작은 것들부터 목표를 세우고 그것을 차근차근 이루어가는 것이 도움이 된다. 예를 들면 이번 주는 지각하지 않기, 이번 달에는 엑셀 마스터하기, 주변 맛집 알아보기, 나만 아는 쉼터나 산책길 만들어보기, 다른 팀 사람과 밥 먹기, 한 번 이상

꿈은 바뀔 수 있으며,
또 이룰 수 있다

칭찬 꼭 듣기 이런 식으로 소소하지만 확실한 목표를 세우면 그것을 이뤘을 때의 성취감은 몇 배의 큰 행복일 것이다.

힘든 일은 주위 사람에게 의논하자

너무 힘들면 주위를 둘러보자. 주변 사람들에게 나의 힘든 점과 어려움을 말한다고 다 해결이 되는 것은 아니지만 오히려 생각지도 못하게 나의 이야기를 나눴을 때 공감해줄 수 있는 사람들도 있다. 너무 가까운 사람을 찾을 필요 없다. 크게 친밀감이 없는 사람인데도 적극적으로 공감해주며 해결책을 같이 제시해줄 수도 있고, 혼자 생각했을 때는 큰 문제라고 생각했던 것도 주위 사람과 나누면 생각보다 별일이 아니라는 것을 깨달을 수도 있다. 생각보다 힘든 일을 주위 사람과 나눴을 때 바로 해결책이 생긴다거나 문제가 해소되는 경우가 있다. 나에게는 너무나 무겁고 힘든 일이라고 생각되어서 객관적으로 보지 못하는 경우가 있다. 그럴 때 주위 선배에게 도움을 청한다면 생각보다 도움의 손길을 쉽게 내밀어줄 수 있다. 혹자는 믿을 사람 없다는 이야기를 하지만, 세상은 생각보다 살만하며 대단한 것을 요구하라는 것이 아니라 문제를 나누고 조언을 구하라는 의미다. 결정과 선택은 본인의 몫이다.

또 새로운 꿈을 꾸자

  자리를 옮긴 지 얼마 안 되었는데 또 새로운 꿈을 꾸라는 것이 현재 있는 곳에서의 생활을 대충 하라는 의미가 아니다. 어느 곳도 나의 전부가 아니니, 나만의 스트레스 해소 방법이나 또 다른 취미나 새로운 꿈을 꾸는 것이 스스로에 대한 과도한 기대나 집착을 막아줄 원동력이 되기도 할 것이다. 그러면 기대가 줄어들고, 상처를 덜 받게 되고 새로운 꿈을 꾸며 나를 객관화할 수 있다. 아이러니하게 욕심을 버리는 순간 더 빠르게 적응할 수 있는 힘을 기를 수 있다.

  이직은 나도 처음이라 낯선 환경에서 적응하는 것이 결코 쉽지 않았다. 완전히 다른 곳에서 온 나를 외계인처럼 생각하지는 않을까 두렵고 무서웠던 적응의 터널을 지나서 이제는 소속감도 느끼며 구성원으로서 스며 들어가고 있다. 항상 내가 앞장서서 드러나는 일을 하다가 이제는 뒤에서 가려지기도 하고, 보이지 않기도 하고, 여러 사람 중에 한 명이 되었지만, 하

꿈은 바뀔 수 있으며,
또 이룰 수 있다

고 싶었던 일이라 나름의 큰 의미와 재미를 느끼고 있다. 아이러니하게도 기업에 오래 있었던 선배들은 왜 힘든 길을 선택했냐고 웃으며 말하기도 하고, 방송국에 있는 후배, 동료, 선배들은 기업에 간 나를 부러워한다. 무엇이든 마음먹기에 달린 것, 어디에 있든 내가 할 일을 정확히 잘 해내고 그토록 하고 싶던 일들을 마음껏 배우고, 성장할 수 있는 기쁨을 느끼면 된다. 적응은 시간이 걸리더라도 결국 누구나 할 수 있는 일이다. 하다가 또 어려움이 찾아온다면 동기들과 술 한잔 먹으며 스트레스 풀면 된다. 또 내일 출근을 앞두고 있지만 이제는 회사 가는 길을 좀 더 즐기게 되었다.

만족하지 않아야
최대의 만족을 만든다

여전히 많은 젊은이들에게 인기 직종인 방송 진행자 (아나운서, 기상캐스터 등) 공채 시험은 한번 공고가 뜨면 매번 엄청난 경쟁률을 기록한다. 공채가 정기적으로 있는 것이 아니고 대부분 결원이 생기면 충원을 하는 방식이라 갑작스럽게 공고가 뜨기도 하고, 워낙 뽑는 인원 자체가 1~2명이기 때문에 경쟁은 치열할 수밖에 없다. 이들은 대부분 서류, 음성테스트, 실기테스트, 면접에 이르는 시험에 합격하기 위해 전문 아나운서 학원, 방송 아카데미에서 공부한다. 수강 비용은 기본 200~300만 원에 이르고, 준비 과정은 적게는 6개월, 길게는 합

꿈은 바뀔 수 있으며,
또 이룰 수 있다

격할 때까지 4~5년째 준비하고 있는 장수 준비생들도 많다. 그렇게 모두가 부러워하는 자리에 올라왔지만 배부르게도 나는 그 자리를 박차고 나왔다. 만족할 수 없었다.

어떻게 하면 잘 사는 인생인지에 대한 정답은 없지만, 나로 인해 세상이 조금이나마 나은 곳이 되기를 바라는 마음으로 살았던 것 같다. 그 과정에서 내가 어떤 식으로 세상에 좋은 영향을 줄 수 있을까 고민해왔던 것 중 하나가 내가 가진 재능을 나누는 것이었다. 그래서 스피치, 아나운서, 기상캐스터가 되는 방법에 대한 재능 기부 강의를 꾸준히 이어 왔다. 강의를 통해 다른 사람의 성장을 보면 행복했다. 대가를 바라고 한 것은 아니었고 그저 이렇게 내가 매일매일 하는 일들이 쌓여 그에 맞는 미래가 오겠지 하는 막연한 긍정적인 마음을 가지고 살았던 것 같다. 무언가를 바라거나, 물질적인 것을 추구하지 않았기 때문에 내 삶에서 100% 만족한 적은 없었다. 돈을 어느 정도 벌길 바랐다면, 내가 어떤 위치에 가고자 바랐다면 그것을 다 채웠을 때 만족할 수 있었겠지만, 그런 것이 없었다. 그래서 나는 최대로 현재 만족할 수 있다.

낯선 곳을 여행할 때나 자연, 풍경을 감상할 때 삶의 경이로움을 종종 느낀다. 계절이 바뀌는 것이 느껴질 때에도 문득 문득 놀라기도 한다. 봄에서 여름으로 넘어갈 때 습해지고 축축해지는 밤공기를 통해, 그리고 이내 여름에서 가을이 될 때 선선해지는 가을 바람에 이따금씩 살아있음에 감사한다. 남들보다 조금 더 자연과 삶의 경이로움에 곧잘 감탄하는데, 스스로 선택했든 그러지 않았든 이 세상에서 나에게 주어진 삶이 값진 것이라는 생각이 든다. 그래서 나에게 주어진 이 선물 같은 기회를 헛되이 보내지 말아야겠다는 생각을 하게 된다. 그러기 위해서는 멍하니 흘려보내는 시간도 아깝고, 싸우며 상처주는 관계도 만들지 않으려고 한다. 뭘 하더라도 삶의 거대함 앞에 우리는 너무 작은 존재이니까. 그래서 마음껏 다 해보고, 후회하고, 느끼고, 누리고 싶다. 나에게 주어진 이 기회를 다양한 방면으로 마구 써보고 싶다.

왜 그렇게 열심히 사냐는 이야기를 종종 듣는데, 내가 노력하지 않고 받은 많은 행운들을 지키기 위해서다. 앞에서도 말했지만 노력 없이 이룰 수 있는 것은 없었다. 늘 쉽지 않았다. 친구들이 항상 날 보며 하는 소리가 사서 고생한다는 것이다. 물론 나 역시도 이쯤 되면 참 수고했다, 나 참 잘 살아왔다는 생각이 들 때도 있다. 더 무리하지 말자, 괜히 오바하지 말자는 생각이 드는데 결국 또 나는 뭔가를 하고 있다. 만족의 기준을 어디에 두는지가 중요하다. 만족하지 않는다는 것이 그동안 내가 노력한 것들을 부정하고자 하는 것은 아니다. 현재까지 잘 헤쳐온 나 자신을 칭찬해주고 격려해주되 너무 지나친 만족은 피하려고 노력한다. 그래야 최대의 만족을 만들어낼 수 있다. 만족감에 취해서 거만해지거나 더 이상 배우려고 하지 않거나, 다른 사람을 무시하거나 하는 안하무인의 태도를 경계하는 것이 중요하다. 그래야 항상 겸손하게, 마음을 열고 새로운 것을 배우고 스스로를 발전시켜 나갈 수 있는 힘을 잃지 않는다.

타인이 아닌 과거의 나와 비교하자

도전이 스트레스가 되고 부담이 되는 이유는 비교 기준을 내가 아닌 남에게 두기 때문이다. 누군가와의 비교를 통해서가 아닌 나 스스로 발전해야 한다. 누가 했으니까 나도 따라 하고, 누구는 얼만큼 했으니 나도 그만큼 해야 한다는 강박이 생기게 되면 발전은커녕 가랑이 찢어진다. 적당한 수준의 비교는 자극도 되고 도움이 되지만, 장기적으로 본인에게는 썩 건강한 결과를 가져다주지는 않는다. 정말로 발전하고 싶다면 그 경쟁의 대상을 남이 아닌 본인에게 맞추는 것이 좋다. 과거의 나보다 조금 더 발전할 수 있도록, 나의 5년 전과 비교했을 때 조금은 나아져 있다면 그것으로 되었다. 비교 기준을 나에게 두면 너무 시간에 쫓길 필요도 없고, 자신감이 떨어질 필요도 없다. 이미 시간이 가는 것만으로도 무엇인가 나에게는 계속 쌓이고 있기 때문에 이를 발전의 원동력으로 삼아 업그레이드시켜 나가면 된다.

남에게는 관대하고 나에게는 엄격하자

내가 발전하기 위한 것은 남에게 잘보이기 위해서도 아니고 온전히 내 스스로를 위해서다. 노력하고, 열심히 살면 남이 좋은 것이 아니라 나에게 좋다. 그러므로 남에게 피해를 준다거나 곁에 있는 사람들을 힘들게 해서는 안 된다. 꿈을 찾고 좇는 과정에서 정신적 혹은 육체적 스트레스가 생길 수도 있지만 이것은 나를 위해서 하는 일이기 때문에 남에게는 절대적으로 관대하게 행동하고 나는 인내하며 참는 노력도 필요하다. 결국 조금 더 나은 나의 미래를 위한 일들을 위해 지금 조금 희생하고, 노력하는 시간은 충분히 투자할 만한 가치가 있다. 남들과 똑같이 잠들고, 똑같이 놀고, 한없이 게을리 살면서 모든 것을 다 가지고 누리려는 것은 큰 욕심이다. 온전히 나를 위한 과정이라 생각하고 스스로에게 좀 더 엄격한 기준을 만들어보자.

매일매일 나의 성장 모습을 기록하자

거창하지 않더라도 조금씩 성장하고 발전하는 나의 모습을 기록해두는 것이 좋다. 수첩에 적어두어도 좋고 휴대폰 메모장에 기록해두는 것도 괜찮다. 아니면 영상으로 찍어두거나 사진으로 남기는 것도 방법이다. 이렇게 하면 힘들고 지칠 때마다 기록을 꺼내어 보면서 성장한 스스로를 토닥여줄 수 있다. 또한, 조금 더 구체적인 꿈과 비전을 그리면 내가 조금씩 발전한다는 것을 스스로 더 느낄 수 있다. 어느 정도 수준 이상이 되면 더 이상 발전하거나 성장하지 않는다고 느껴질 때가 올 것이다. 어느 순간 변화가 귀찮아지고, 타성에 젖는 순간이 올 것이다. 그럴 때마다 성장해온 나의 모습을 보면서 반성하고 다시 나아갈 힘을 얻으면 된다. 그 과정과 기록들이 쌓여서 훗날 또 다른 도전을 시작하는 나에게 자극이 되고 소중한 자산이 될 것이라고 생각한다.

목표를 좋은 자극제로 활용하자

막연하게 성공하고 싶다가 아니라, 몇 살까지 어느 정도 수준의 일을 하고 꿈을 확장시키겠다는 눈에 보이는 목표를 세워야 한다. 정말로 실현 가능하고, 내가 느낄 수 있는 것들을 위주로 목표를 세우고 달려 나가야 지치지 않고 완주할 수 있다. 구체적이지 않은 목표는 중간에 쉽게 흐트러지기 마련이며, 힘든 순간이 왔을 때 목표가 변경되거나 바뀔 수가 있다. 물론 목표를 수정하거나 변경하는 것도 괜찮지만, 너무 잦은 변덕이 목표에 대한 의지를 약하게 만들 수 있다. 작게라도 내가 발전하는 것들을 증명해줄 수 있는 목표를 세우고 하나하나 이뤄보면 좋다. 예를 들면 '다이어트를 하자!'가 아니라 한달 뒤까지 2kg 빼면, 하루는 10만 원 정도 쇼핑 마음껏 하기. '방송국 합격하자!'가 아니라 2년 안에 SNS에 내가 당당히 말할 수 있는 정도의 채널에 꼭 합격하기. 이런 식으로 구체적이고 명확하게 눈에 보이는 목표는 나에게 더 긍정적인 자극제가 될 것이다.

가끔 회사에 앉아서 멍하니 모니터를 바라보며 일하다가 문득 이런 생각을 한다. 내가 그냥 방송을 그만두지 않았다면 어땠을까? 그때도 나쁘지 않았는데, 그냥 만족하면서 그곳에서 더 일했으면 어땠을까? 충분히 매력적이었고, 괜찮았고, 편하게 일할 수 있었는데 내가 그 모든 것을 다 던져버리고 나와서 괜히 고생하고 있나? 이런 생각이 들던 찰나에 최근 미국 출장을 다녀왔다. 회사 입사한 뒤 6개월 만에 마케팅 팀의 제안을 받아 단독 프레젠터로 CES에 방문했다. 일하고 있는 회사의 전체 제품을 CES 방문하는 회사 VIP분들에게 각각 한국어/영어로 소개하고 홍보하는 대표 프레젠터 역할을 단독으로 맡았다. 회사 업무도 아직 모르는 게 많은데, 그 많은 제품들과 회사에 대한 내용을 내가 잘 전달할 수 있을까 싶어 걱정되고 두려웠다. 그런데 나는 또 그것을 기어이 해내고 말았다. 불가능할 거라고 생각한 일을 또 해내고 나니 성취감이 어마어마했다. 그 맛에 또 마음을 다시 고쳐먹고 내가 있어야 할 곳에 대해 생각했다. 다시 한번 회사에서 대체할 수 없는 사람으로 인정받은 느낌이라 힘들었지만 너무 행복했다. 방송만 했다면 느끼지 못했을 또 다른 도전 과제들, 그냥 내가 가진 자리와 위치에 만족했다면 경험하지 못했을 많은 것들을 느끼고 배우고 있다. 역시, 이직하길 잘했다.

마음을 단단하게 만드는 방법

　　시원하게 한바탕 비가 쏴아 내리고 나면, 땅은 촉촉해진다. 어수선했던 공기는 이내 차분해지고 숨어 있던 새들도 하나, 둘씩 나와 지저귀기 시작한다. 당장은 땅이 바로 굳지는 않지만, 시간이 지나면서 촉촉했던 땅은 점차 흙의 향기를 내뿜는다. 이내 날이 밝고, 해가 뜨고 기온이 오르면서 땅은 서서히 굳어지고 비가 내리기 이전보다 더 단단해진다. 때로 비는 메말라가는 땅에 생명수가 되기도 하고, 땅을 더 굳건히 만들기도 하는 기특하고 고마운 날씨다. 시원한 한줄기의 비는 삶 속에서도 메마른 날에 시원하게 일상을 적셔주기도 하고, 더 단단한 마음

꿈은 바뀔 수 있으며,
또 이룰 수 있다

을 만들어주기도 한다. 그래서 비가 올 때는 날이 춥기도 하고, 불편함도 있겠지만 그 시간을 잘 견디고 나면 분명 비가 오기 이전보다 더 강해지고 단단해진 날을 마주하게 될 것이다. 비가 내리는 동안에는 당연히 알지 못할 수 있다. 비가 오니 날이 흐리고, 우중충하다 보니 기분까지 침침해진다. 언제 다시 맑아질지 하늘이 야속하기만 할 수 있다. 가벼운 마음으로 밖을 나가고 싶은데 비가 오니 흙탕물에 옷이 더러워지기도 하고 멀쩡히 길을 가고 있는데 달리는 차가 고인물을 튀기고 지나가 아끼는 가방이 젖기도 한다. 내리는 비를 우리가 막을 수 없는 것처럼 당연히 힘든 시간들은 언제든 찾아오기 마련이다.

　　인간관계에서도 항상 햇빛이 쨍한 날만 있을 수는 없다. 느닷없이 비가 오는 것처럼, 맑은 날도 있고, 흐린 날도 있는 법이다. 사람 간의 관계는 하물며 더 쉽지 않다. 내 뜻대로 되지 않는다. 특히 같은 반 친구들이 사회 관계의 전부였던 중고등학교 시절에서 벗어나 대학교에 들어가고, 대외활동을 하고, 직장 생활, 사회생활을 하면서 더 많은 사람들을 만나게 되면 인간관계의 폭이 점차 더 넓어지고 만나는 사람의 종류도 다양해진다. 나와 다른 배경, 다른 성격의 다양한 사람들을 만나면서 기쁨도 커지는 만큼 힘든 점도 분명 생기게 될 것이다. 특히 인간관계는 수능시험 문제처럼 정답이 딱 있는 것도 아니다. 예측하기도 어렵고, 노력한다고 명확한 답을 찾으리라는 보장도 없다. 나는 당연히 A는 B라고 생각하는데, 생각보다 세상에는 A는 C라고 생각하는 사람도 많고, A는 D라고 생각하는 사람도 있어 인간관계는 다양성을 인정하는 것부터 시작된다.

커리어를 쌓고, 많은 경험을 하면서 도전을 해나가는 것만큼이나 인간관계에서 늘 꾸준한 노력은 필요했다. 학창 시절을 거쳐 대학생 때부터 많은 대외활동을 하고, 방송업계에서 일하며 비교적 많은 사람들과의 관계를 맺어왔다. 특히 최근에도 이직을 통해 인간관계가 또 한 번 넓어졌는데, 방송국에서 만난 사람들과 기업에 와서 만난 사람들은 대체로 성격도 성향도 다르다는 것을 또 한 번 느꼈다. 이렇게 인간관계는 갈수록 확장되어가는데 매번 모든 사람들을 다 챙기는 것도 쉽지 않고, 모두가 내 마음 같지 않으니 더 어렵고 힘들다. 하지만 사람을 대할 때 몇 가지 나만의 철칙을 지키면서 인간관계를 쌓아온 결과, 운이 좋게도 비교적 좋은 사람들을 많이 만났다. 좋은 사람의 기준을 세우는 것도 결국 나에게 달려 있는데, 나는 힘든 일이 있을 때 그리고 기쁜 일이 생겼을 때 진정으로 마음을 공감해주고 나눌 수 있는 사람이라면 더 바랄 것이 없었다. 사람을 워낙 좋아하다 보니 내 주위에는 늘 사람이 많았다. 방송인이다 보니 일반 직장인보다 더 다양한 분야의 여러 사람을 만날 기회가 많기도 했다. 그동안 나를 스쳐 간 많은 사람들을 떠올리며 인간관계에 대한 나만의 철학이 생기기도 했다. 하지만 여전히 나에게도 매번 어렵고, 여전히 더 배워야 할, 갈고 닦아야 할 부분이다. 아무리 똑똑한 사람이라고 할지라도, 인간관계의 정답을 아는 사람들은 많지 않을 것이다. 그만큼 쉽지 않다. 인간관계에 한 번씩 허무함이 찾아오고, 씁쓸함이 느껴질 때에도 늘 내 곁에 있어 주는 가족들 그리고 지금 나의 주위를 지켜주는 이들을 떠올려보자. 이마저도 없다면 나에게 진심이었던 그 누군가를 한 번쯤 생각해보자. 사람에게 상처받기도 하지만, 결국 또 사람 때문에 힘을 낼 수 있다. 소중하다는 생각이 들수록 가까운 사람에게 더 잘해야 한다. 머리로만 생각하지 말고 행동으로 표현하고, 마음을 보여줘야 그 소중한 관계도 오래 지킬 수 있다.

개인적으로는 절대적인 시간을 항상 같이 보내는 것이 인간관계의 기본이라고 생각한다. 여건상 멀리 떨어져 있어서 상황이 여의치 않을 때를 제외하고 시간이 생긴다면, 곁에 있어 늘 당연하다고 여기며 미처 챙기지 못했던 이들과 많이 보내기를 추천한다. 그리고 소중한 이들에게는 더욱 함부로 하게 될 수도 있는데, 그럴수록 더 시간을 쏟고, 노력하고, 소중하게 대해야 한다. 그리고 고마움과 미안함, 보고 싶은 마음 등의 감정을 아낌없이 표현하자.

생각보다 살면서 맺어지는 인연들이 굉장히 특별하기도 해서, 인연이라는 것 자체가 참 기이하다는 생각을 한다. 그래서 언제 어디서든 만날 수 있기 때문에 최대한 모든 사람들에게 좋은 인상을 주고, 친절하게 하고, 감사하려고 한다. 무언가를 바라서는 아니고, '이렇게 만난 것도 인연인데…'가 본심이다. 세계 80억 인구 중에서 나와 이렇게 인연이 된 게 진심으로 신기하고 소중하기도 하다. 사실 모든 사람을 대할 때 이 마음을 잊지 않는다면 용서하지 못할 사람이 없고, 미워할 사람이 없다. 그래서 사회생활을 하면서도, 학창 시절에도 나의 주변에 있는 사람들을 누가 됐든 간에 존중하려고 했고, 오며 가며 마주친 이들에게 항상 친절을 베풀려고 했다. 평생 다시 만나지 못한다고 생각하면 너무 애틋해서 잘해주고 싶었고, 또다시 볼 인연이라면 그만큼 값지기 때문에 잘해주면 된다. 나는 그 마음으로 항상 사람들을 대했다. 그러다 보니 주위에 일부러 의도하진 않았지만 전혀 다른 분야여도 도움이 필요할 때 떠올릴 수 있는

꿈은 바뀔 수 있으며,
또 이룰 수 있다

사람들이 생겼고, 나도 일이 바쁘다는 핑계로 잘하진 못하고 부족하긴 하지만 항상 그분들에게 감사함과 내 곁에 있어서 고마움을 자주 표현하려고 노력했다.

사실 누가 빨리 적응하라고 초를 재고 있던 것도 아니었는데, 누구나 이해해줄 수 있었을 텐데 나 혼자 너무 마음이 급했다. 시간이 필요했던 건데 너무 성급했다. 여러 사람들의 큰 기대를 받고 왔으니, 그리고 모두가 지켜보고 있기 때문에 어느 정도의 성과를 빠르게 보여줘야 한다는 부담감이 알게 모르게 나의 마음속에 자리 잡고 있었던 것 같다. 그리고 방송하는 사람이었다는 편견을 혹시라도 가질까 봐 더 안간힘을 쓰다 보니 체력적으로도 심적으로도 많이 지쳤던 것이다. 시간이 지나고 자연스럽게 업무는 적응되었고, 내 몫의 일을 하고 있다는 생각에 안심이 든다. 회사에서 이런저런 큰 역할도 맡아 하고 있고, 함께 일하는 사람들과도 즐겁게 일하고 있다. 시간을 좀 두고, 나에게 여유를 줬어야 하는데 그러지 못했다. 역시 단단한 마음을 만들기 위해서는 내 스스로를 돌보는 것이 가장 중요했다.

나 역시 인간관계가 어렵다. 많은 사람들과 함께 살아가고 있기 때문에 관계를 잘 유지하고 관계에서의 문제를 현명하게 극복해 나가는 것이 그만큼 중요하다. 그런데 그 관계라는 것이 참 쉽지 않다. 매번 노력하고 다짐하려고 해도 마음처럼 잘 안 되기도 하고, 관계라는 것 자체가 상호작용으로 이루어지다 보니 나 혼자만의 힘으로 되는 것도 아니다. 그래서 나도 아직 부족한 점이 많다. 이를테면 일상생활에서든, 회사에서든 거절을 잘 못해서 많이 힘들다. 심지어 길거리 전단지 아주머니들의 전단지도 거절을 못해 그냥 나서서 다 받는다. 무리한 부탁을 받으면 망설이다가 그냥 들어주는 경우도 많다. 그래서 가끔 척척 거절을 잘하는 사람을 보면 부럽기도 하다. 거절을 잘하지 못해서 내가 괜히 고생을 하거나 낭패를 본 경우도 종종 있어서 그러지 않아야겠다고 생각하는데도 쉽지가 않다. 또 거절을 했다가 괜히 내 마음이 더 힘들어 몇 날 며칠을 괴로워하며 보낸 적도 있다.

하지만 생각을 조금 다르게 하니까 마음이 편해졌다. 돌아보니 거절을 못해서 내가 좀 고생했으면 어떤가 싶다. 물론 그 당시에는 힘들고, 하지 않아도 될 일을 괜히 한 거라고 생각이 들 수도 있다. 하지만 따지고 보면 부탁을 한 그 사람이 나보다는 몇 배 더 마음이 불편했을 거라는 것을 깨달았다. 만약 그런 마음을 느끼지 못하거나 고마워하지 않는 사람이라면, 그런 사람의 부탁조차도 흔쾌히 들어준 나는 할 만큼 한 것이고, 좋은 사람이니 그걸로 된 것이다.

　　대인관계도 이런 식으로 생각해 보면 비교적 오랫동안 현명하게 지속할 수 있는 하나의 방법이 될 것이다. 인간관계에서 나는 지는 걸 좋아한다. 내가 좀 손해 보면 어때라는 마음으로 지내다 보니 관계가 편해졌다. 아마 손해 보는 것을 좋아하는 사람은 없을 것이다. 자연스럽게 머릿속에서 계산이 되고, 마음이 불편하기도 할 것이다. 하지만 선의를 더 많이 베풀고, 불편함이나 마음의 아픔은 좀 감수하려고 하다 보니 오히려 나는 더 여유로운 사람이 되어 있었다. 내가 꼭 하고 싶은 일에서는 나 자신도 이겨야 하고, 여러 장애물과도 맞서 싸워야 한다. 하지만 인간관계는 지면 된다. 지는 게 이기는 것, 인간관계를 위해 마음속에 늘 새긴 말이다. 맡아온 일에서나 학업에서만큼은 욕심쟁이였다. 매번 큰 욕심을 부렸다. 스스로와의 싸움이든 경쟁에서든 지고 싶지 않아 매번 치열하게 임했다. 그래서 삶의 관문마다 스스로를 매우 엄격하게 다그쳤고 후회 없이 나의 열정을 갈아 넣었다. 그렇게 해야 어떤 결과가 나오든 받아들일 수 있었다. 하지만 인간관계에서만큼은 늘 지려고 했다. 후회가 있을지언정 크게 욕심을 부리지도 않았다. 시험 성적이나 일은 개인의 노력과 의지대로 어느 정도 컨트롤할 수 있고, 결과를 바꿀 수 있는 부분이라고 생각했지만 인간관계만큼 내 뜻대로 되지 않는 것도 없기 때문에 일찌감치 욕심을 버렸다. 공부나 일과 달리 사람 사이의 관계는 지는 게 이기는 것이라는 마음으로 관대하게 임하려고 했다. 살면서 개성이 다른 다양한 분야의 사람들을 만나면서 더욱 인간관계가 쉽지 않다는 것을 느꼈고, 현명하고 성숙하게 행동하기 위해 선택한 방식이다. 그래서 내가 호의를 베풀거나 누군가에게 배려를 할 때도 큰 기대 없이 베푼다. 그랬을 때 그 상대방이 그것을 알아주면 좋은 인간관계로 남고 더 잘해주려고 한다. 만약 고마움을 모르는 사람이라면 그냥 그런 사람인가 보다라고 생각한다. 그런 이들에게 더 이상 기대가 없고 적당한 관계를 유지한다. 내가 베푼 그 정도의 노력은 비록 조금 손해를 보더라도 더 많은 것을 배웠으니 된 것이다. 그렇게 매번 지는 연습을 했다.

아무리 많은 사람을 만난다고 하더라도 어떤 사람과는 단 며칠 만에 10년 이상을 함께한 사람보다 친해질 수 있고, 매일 보더라도 말 한 마디도 나누지 못하는 관계도 있다. 모든 사람들과 관계를 잘 맺으려고 할 필요는 없다. 애초에 불가능한 일이다. 세상에 음식이 정말 많지만 우리가 굳이 다 먹을 필요

꿈은 바뀔 수 있으며,
또 이룰 수 있다

가 없는 것처럼, 내가 좋아하고 맛있어 하는 음식을 찾아 먹으면 된다. 그렇다고 너무 편식을 하면 안 되니까 가끔 건강을 생각해서 혹은 필요에 의해 야채도 먹고, 골고루 먹기는 해야겠지만 내가 굳이 싫은 사람들까지 다 챙기고 끌어안으며 억지로 이어 나가야 한다는 부담감을 가질 필요가 없다. 관계는 내가 그 사람이 없어도 온전할 때 더 깊은 관계로 오래 유지되는 것 같다. 만날 때마다 마음이 불편하고 찝찝하거나, 관계를 통해 무언가를 특별히 바란다거나, 결핍에 의해 혹은 목적에 의한 관계는 그리 오래가지 못할 수 있다. 소중한 사람들과 좋은 시간을 보내고 예쁜 말을 주고받기에도 시간은 많지 않다.

왜 나는 주위 사람들에게 상처받는 것일까, 내 주위에는 왜 좋은 사람이 없는 것일까를 탓하기 이전에 내 스스로가 좋은 사람이었는가를 생각해 보자. 내가 먼저 올곧고 바른 사람이 되어야 다른 사람을 포용할 수 있는 여유가 생긴다. 그리고 때로는, 너무 관계를 잘 지키려고 애쓰지 않았으면 좋겠다. 남이 나에게 준 상처를 잘 잊어버리는 것도, 힘들었던 일을 기억하지 않는 것도 능력이다. 그 대신에 나와 좋은 기억을 만들었던 사람들, 나에게 따뜻한 한마디 말을 건네주고 호의적이었던 사람들로 나의 기억을 채운다면 그 마음이 좀 더 단단해질 수 있다. 아무리 직업적으로, 사회적으로 인정받은 사람이라 할지라도 실제 그 내면을 들여다봤을 때 연약하고, 어른스럽지 못한 사람도 많다. 이들은 다른 사람에게 상처를 주고, 인격적으로 실패했기 때문에 정신적으로 마음이 많이 아픈 것이다. 겉으로 보이는 모습만으로, 나에게 한 한 가지 행동으로 그 사람을 판단하려고 하지 말고, 그냥 있는 그대로 사람은 다 불완전하다는 것을 인정하고, 마음을 비우면 편하다.

내가 친했다고 생각하고 마음을 믿은 친구가 나에 대해 험담하는 것을 들었을 때, 믿었던 사람에게 배신당했을 때, 아무리 노력해도 꿈에 닿지 않을 것 같아 두려울 때, 그 감정과 상처가 내 마음을 지배하도록 놔두지 말고, 덮지 말기를 바란다. 자신을 믿고 소중히 대하면서 단단한 마음을 가지도록 노력해 보자. 나 같은 경우는 그런 일을 직접 겪게 되거나 마주하는 순간, 숨이 턱 막히고, 머리가 하얘지는 기분이었다. 혹시라도 가족들이 걱정할까 봐 얼굴로 티내지도 못하고 항상 혼자 삭히려고 애쓰고 다시 일에 집중하려고 더 바쁘게 살고 그랬던 것 같다. 하지만 지나고 보니 내가 힘들었다는 사실은 나를 제외하고 이미 다들 알고 있었고, 그렇게 무작정 그 감정이 나를 마음대로 하도록 내버려둬선 안 된다.

꿈은 바뀔 수 있으며,
또 이룰 수 있다

월딩어 하버드 교수에 따르면, '의지할 사람이 있는 경우 더 건강하고 만족도 높은 삶을 산다'고 한다. 만성질환에 걸릴 확률도 낮고 기억력과 면역체계도 좋았다. 사람들과 관계를 맺으면서 스트레스를 통제할 힘이 생기고 건강해진다는 것이 가장 근거 있는 가설이라고 한다. 이렇게 우리는 혼자 살 수 없으며, 끊임없이 다른 누군가와 관계를 맺고 살아가야 한다. 그렇다면 건강하고 행복해지는 관계를 맺기 위해 어떻게 해야 할까? 관계에도 늘 노력이 필요하다는 것을 명심하고, 주위 사람들에게 내가 먼저 그리고 가볍게 다가가야 한다.

1. 지는 게 이기는 것이다 – 기대 없이 베풀고 잘해주기
2. 항상 친절하게 행동하기 – 사람 간의 기본 예의
3. 웃는 얼굴에 침 못 뱉는다 – 자주 웃고, 마음 표현하기

첫 번째는 앞서 말했듯이 기대를 버리고 상대방에게 잘해주는 것이고, 두 번째는 친절하게 행동하는 것이다. 여기서 중요한 것은 강자든 약자든 상관없이 잠시 스치는 이에게, 혹은 자주 보는 사람에게 친절하게 행동하려고 했다. 사실 일부러 가식적으로 친절해야겠다고 생각한 것은 아니고 그냥 자주 웃고, 그 사람이 도움이 필요할 때 적극적으로 도와주고, 공감해주는

정도인데, 일부러 노력해서 지키려고 한 것은 아니고 기본적으로 사람을 참 좋아한다. 위의 세 가지 정도만 마음에 새겨도 적을 만들지 않을 수 있다.

마음을 단단하게 하는 방법은 하루아침에 되는 것은 아니고 꾸준히 나 스스로도 고민하고 연습해 나가고 있는 부분이다. 일적인 부분에서는 스스로에 대한 자신감이 있다. 공부도 하면 되는 것이기 때문에 두렵지 않다. 그런데 인간관계는 한없이 어렵다. 그간 상처도 많이 받았고, 지금도 참 어려운 문제다. 애덤 스미스가 도덕 감정론에서 말했다. 우리들 마음속에는 공정한 관찰자가 있기 때문에 돌고 돌아 누군가에게 상처를 준 사람은 스스로 많이 괴로울 것이다. 직접적으로 그 사람이 아직 벌을 받지 않았더라도 마음의 공정한 관찰자로 인해 본인이 잘못된 행동을 했다는 것을 객관화하여 생각할 수 있기 때문에 결코 편할 수가 없다. 그래서 어떤 방식으로든 그에게 다 되돌아간다.

나는 굳이 힘을 빼지 않기로 했다. 그를 미워하는 데 쓰는 나의 에너지조차 소중하게 생각하기로. 그래서 나는 누군가를 미워하지 않는 것이 나의 인간관계의 비법이었다. 이를테면 내 스스로 그를 용서해줌으로써 나 스스로 좋은 사람이 되어 선순환시키기. 지는 게 이기는 거라면 나는 인간관계에서 늘 이기긴 한 것 같다.

그럼에도 불구하고 어쩔 수 없이 매일매일 상처받고 속상한 것은 누구나 마찬가지다. 누군가를 최대한 좋게 봐주는 것, 그를 이해해보려고 노력하는 것, 딱 거기까지만 해보면 된다. 너무 과도한 생각도 불필요하다. 딱, 내가 감당할 수 있는 만큼의 에너지만 그를 이해하는 데 쓰면 되고 나의 나머지 에너지는 좀 더 생산적인 일에 쓰기로 했다. 그리고 너무 증오가 치밀어 오르고 힘들어질 정도라면 잠시 거리를 두고, 나를 괴롭히는 상사, 선배, 누군가로 생각하기보다는 그냥 한 사람의 인간으로 봐주면 미웠던 그가 조금은 안쓰러워진다. 한 사람의 아내로, 딸로, 아버지로, 아들로 바라본다면 왜 그가 그런 행동을 했는지 조금 이해할 수 있게 된다. 내가 노력한다고 상대방도 같은 마음일 수 없다. 애써 꺼내어 상처보지 말고 최대한 나를 아껴주는 사람들에게 집중하려고 한다.

많은 도전을 하다 보면 어쩔 수 없이 시기와 질투를 받게 된다. 인간관계를 잘하는 방법은 마음을 비우고, 큰 에너지를 쏟지 않는 것이다. 사회생활을 하다 보면 모든 사람이 다 나와 같은 마음이면 좋겠지만 정말 나와 맞지 않은 사람을 만나는 경우도 있다. 그런 사람들을 대처하는 팁은 다음과 같다.

상대방의 행동 이유를 이해하자

상대방이 당신에게 상처를 준 그 자체를 이해하는 것이 아니라 왜 그렇게까지밖에 행동할 수 없었는지에 대해 생각해 봐야 한다. 그리고 용서는 그를 위해서가 아니라 나를 위해서 하는 것이다. 용서하면 내 마음이 편해질 수 있는데 뭐하러 참고 있는가. 때로는 이해가 되지 않더라도 용서하려고 마음먹는 것만으로도 불편함이 좀 사라질 수 있다.

최대한 부딪치지 않도록 하자

아무리 이해하고 용서해도 계속 부딪치거나 마주치면 마음이 힘들어질 수 있다. 최대한 거리를 두고 보지 않으면 마음을 정리하는 데 도움이 된다. 굳이 볼 필요가 없다면 보지 않는 것이 좋고, 나의 마음이 편해질 때까지 거리를 두는 것이 좋다.

꿈은 바뀔 수 있으며,
또 이룰 수 있다

곱씹으며 생각하지 말자

인간관계가 워낙 어렵다 보니 누군가 나에게 상처를 줬을 때 자책하는 경우가 있다. 내가 뭘 잘못해서 그러는 것일까, 내가 왜 미운걸까. 그런데 대부분의 상황에서는 내 잘못이 아니어도 상황이 생길 때가 있다. 때문에 전혀 스스로 자책할 필요가 없다.

내 일에 더 몰두하자

남에게 상처를 주거나 누군가를 괴롭히는 사람들의 마음은 건강하지 않을 확률이 높다. 그들이 원하는 대로 내 마음이 힘들고, 영향받지 않도록 보란 듯이 더 잘살면 된다. 흔들릴 가치도 없고, 그러기엔 당신은 좋은 사람이다.

모두가 나를 좋아할 수는 없지만 나는 모두를 좋아할 수 있다. 그것은 나의 의지대로 된다. 많은 경험과 도전을 이어가다 보니 그만큼 많은 사람을 만나게 된다. 아무 이유 없이 남에게 상처와 비난의 화살을 주는 사람은 본인의 마음도 아픈 경우가 많다. 그러지 않기 위해서 주기적으로 나의 마음을 건강하게 들여다보고 유지해야 한다. 일이나 공부는 내 의지대로 어느 정도 컨트롤할 수 있는 부분이 있다. 하지만 인간관계는 계산대로 되지 않는다. 내가 좋아하는 사람이 나를 좋아하지 않을 수도 있고, 내가 아무리 노력해도 나를 싫어하는 사람은 어쩔 수가 없다. 내 마음이 건강하면, 그런 허무맹랑한 소문에도 스트레스에도, 힘든 인간관계에도 조금 더 빨리 빠져나올 수 있는 힘이 생긴다. 그런 것들이 오래가지 않을 것이라는 것을 알고, 나를 믿어주는 사람들이 있다는 것을 알고, 나를 험담하는 이들을 품어줄 마음의 여유가 있기 때문이다.

누군가의 질투와 시기를 받고 있다는 것은 그만큼 내가 잘하고 있다는 반증이 된다. 묵묵히 나의 할 일을 해나가자. 어쩔 수 없이 혼자 사는 세상이 아닌 이상 스트레스는 필연적으로 따라오기 마련이다. 우리가 매일 숨을 쉬듯이 인간관계에서의 문제는 동시다발적으로 계속해서 생기는 것이고, 그게 나에게 다가왔을 때 건강한 마음으로 잘 대처하겠다는 마음만 있으면 잘 흘려보낼 수 있다.

꿈은 바뀔 수 있으며,
또 이룰 수 있다

직업을 갖고 있다고
끝이 아니다

　　최근에 한 신문 기사에서 아흔두 살에 사회학 박사학위
를 딴 특별한 졸업생의 이야기를 읽었다. 국내에서 역대 최고령
박사학위 취득자인데, 여든일곱 살에 대학원 정규과정을 시작
하셨다고 한다. 그녀는 새로운 것에 두려움이 없는 편이라며,
힘들었지만 학교 근처에 기숙사 방을 얻어 공부를 이어 갔다고
한다. 나 역시 아직 해야 할 것이 너무 많고, 하고 싶은 게 많다
고 느끼는데 일에 지쳐, 문득문득 그 생각이 옅어질 때가 있다.
그런 와중에 그 기사를 보며 다시 한번 마음을 잡아야겠다고 생
각했다. 신기하게도 일하는 강도는 새벽 근무나 야외 중계, 주

말 근무 등을 생각하면 기상캐스터 때가 더 세다고 생각했는데, 일반 기업에서 직장생활을 해보니 오히려 여기가 더 피곤한 것 같다는 생각이 들 때도 있다. 그토록 원하던 연차, 반차도 자유롭고 주말도 생겼고, 휴가도 8월에 갈 수 있지만 이상하리만큼 매일매일 피곤하다.

나는 기상캐스터였지만 유튜버였고, 강사이자 대학원생이었다. 한 가지 직업만으로 그 사람의 모든 것을 설명할 수 있는 시대는 저물었다. 그리고 직업은 나를 대변해주지 않는다. 직업은 나를 표현할 수 있는 무수히 많은 여러 요소들 중 하나일 뿐이다. 그래서 무슨 직업을 가졌는지보다 지금 내가 어떤 일을 어떤 마음으로 하고 있는지가 더 중요하다. 그리고 같은 일을 한다고 하더라도 어떤 마음과 가치관을 가지고 그 일을 하는지에 따라 삶의 방향성은 얼마든지 달라질 수 있다. 같은 직업을 가진다고 해서 모두 같은 가치와 방향성을 가지고 사는 것은 아니다. 직업은 얼마든지 바뀔 수 있다. 두 개가 될 수도 있고, 세 개가 될 수도 있다. 누가 시켜서 억지로 삶을 사는 것이 아니라면, 아직 해보고 싶은 것이 있다면, 이왕이면 우리에게 주어진 삶을 좀 더 다이내믹하게, 알차게 살아보면 어떨까? 직업이 있다고 하더라도, 이미 꿈을 다 이룬 것 같아도 그저 시간을 흘려보내는 게 아니라 새로운 꿈을 꾸었으면 한다. 한 번뿐인 인생에서 쉽게 잊을 수 없는 경험과 가치들을 만들어보면 좋겠다. 누구를 위해서도 아니고 나를 위해서다.

단순히 오래 살 수 있기 때문이 아니라, 우리는 앞으로도 살아갈 많은 날들을 그냥 흘려보내지 않고 어떻게 잘 보낼 수 있을지에 대해 준비해야 한다. 그리고 이제는 단순히 업무 시간과 주어진 일을 잘 해내는 것으로 평가받는 시대가 아니다. 나에게 주어진 많은 시간들 속에서 내가 가진 역량들을 마음껏 발휘하며 여러 가지 삶을 살아볼 것인지는 온전히 나에게 달려 있다. 어차피 똑같은 시간이 주어졌다면 해보고 싶은 것을 마음껏 해보고 안 해본 일도 더 많이 해보며 사는 것이 덜 아쉽지 않을까? MBTI 테스트뿐만 아니라 인터넷과 SNS상에 떠도는 수많은 레이블링labeling game은 결국 진정한 나를 찾고 싶은 이들의 소망이 반영된 활동일 것이다. 나에 대해 알고 싶고, 궁금하고 남들과는 다른 나를 규정하고 싶은 것이다. 그러한 나에 대한 관심과 애정을 나의 미래의 꿈과 연결시켜 보면 된다.

통계청이 발표한 기대 수명을 보면 우리나라의 남녀 각각 기대 수명은 83세가 넘는다. 이것은 말 그대로 통계치고 실제 예상되는 수명은 훨씬 더 길 것이다. 그래서 안주하지 말고 계속해서 나의 미래에 대해 고민하고 준비해야 한다. 직업을 가지고 있다고 끝이 아니다. 이제 하나의 직업으로만 살 수는 없다. 100세 시대에 앞으로 해야 할 것도 살아가야 할 날들도 무수히 남았다. 하나의 직업만 가지고 살기에 인생은 너무 길다. 내가 시작한 커리어를 확장시키거나, 혹은 다양한 분야로의 관심도를 넓혀서 미래를 대비해야 한다. 이제 100세는 당연하고 120세까지 살게 될 것이라고 한다. 어떤 이는 건강하지도 않은데 뭐하러 오래 사냐고 다소 슬픈 이야기를 할 수도 있다. 나는 오래 살 수 있어서 너무 좋다. 할 수 있는 게 많아지고, 더 기회가 많아지는 것 같아서 기분이 좋다. 어떻게 긴 세월을 잘 살 수 있을까. 계속해서 미래에 대해 고민하고 준비하면 된다.

    4차 산업혁명이 원하는 인재는 '융합형 인재'라는 말이 많이 나온다. 대학에서도 하나의 전공이 아니라 복수전공, 다전공 그리고 본인이 직접 전공을 설계할 수 있기도 하다. 나 때만 해도 꿈도 꾸지 못했던 일인데 문과를 선택한 학생이 컴퓨터공학을 전공하는 것이 이제는 굉장히 흔해졌다고 한다. 한 분야에서만 잘하면 되는 시대는 끝났다. 한 직업으로만 평생을 살 수도 없다. 그래서 다양한 분야에서 능력과 역량을 계속해서 갈고

꿈은 바뀔 수 있으며,
또 이룰 수 있다

닦아 놓는 것이 중요하다. 나 역시 또 다른 미래를 계속해서 고민하고 준비하고 있다. 그러기 위해선 건강해야 하기 때문에 몸도 마음도 건강하게 유지하는 것은 필수다. 이 과정에서 어떠한 능력이나 기술보다도 가장 기본이 되어야 하는 것이 소프트스킬softskill이라고 하는 커뮤니케이션 능력이다.

　　한 가지를 깊게 파고드는 능력도 중요하지만, 다른 분야에 두루두루 관심을 갖는 것 또한 능력이다. 가령 주위에 특출나게 잘하는 것이 없어 고민이라고 하는 사람들이 종종 있다. 이제 이들의 시대가 열렸다. 멀티플레이어가 되는 것이 중요하다. 그러기 위해선 내가 이미 잘하고 있는 능력은 더 잘할 수 있도록 업스킬링upskilling 해야 하고, 내가 조금 관심이 있던 것들이나 잘 몰랐던 것들도 미리미리 배워두고 관심을 더 기울이면서 리스킬링reskilling도 함께해야 한다. 그래서 다양한 기술들을 두루두루 갖추고, 기회가 왔을 때 잡을 수 있게 똘똘 무장하고 있어야 한다. 내가 하고 있는 일들, 다양한 분야에 항상 의문을 가지고 "왜?"라고 생각하는 자세도 도움이 된다. 그러면 자연스레 관심 분야가 확장되고, 새로운 일들을 하는데 준비하고 발전시켜 나갈 수 있다. 5년 후, 10년 후의 미래에 대해 고민하기 위해서는 다음과 같은 사항을 지키면 도움이 된다.

나의 시야를 확장시켜라

이왕이면 한곳에 관심을 좁혀 너무 올인하는 것보다는 얇고 넓게 관심을 더 다양한 분야에 쏟아보자. 시야를 넓혀 문화, 예술, 환경, 스포츠, 사회, 종교, 언어 등 여러 분야에 고루 관심을 쏟다 보면 나와 케미가 잘 맞는 것을 찾을 수 있는 확률도 더 높아진다. 하나에 대해 깊이 잘 알지 못해도 다양한 분야에 관심을 두고 있는 사람이 더 유용하게 쓰일 수 있다. 한 가지만 잘하는 사람은 선택지가 너무 좁아진다. 다양한 분야의 관심은 가능성을 넓힐 뿐만 아니라 지루하지 않은 삶을 만들어준다. 그만큼 식견이 넓어질 뿐만 아니라 여러 분야의 사람들의 생각을 공유하면서 나의 시야 또한 확장될 수 있다. 여러 분야의 관심은 가지를 뻗쳐서 생각을 더 키운다.

이미 내가 조금이라도 소질을 보인 것이 있거나 잘하는 것이 있다면 능력을 더 키워내서 발전시키는 것도 좋다. 전혀 관련이 없던 분야보다 내가 이미 잘하고 있는 것을 다양한 방면으로 확장하는 것이 도움이 된다. 손재주가 있는 사람이라면 요리 자격증이나 캘리그래피 자격증을 따는 방향으로 생산적인 목표를 정해서 도전하면 된다. 하고 있는 일에 재능과 흥미가 더해진다면 더할 나위 없이 시너지 효과가 난다. 게다가 내가 잘하는 일은 비록 힘들지라도 재미가 없을 수 없다. 그래서 꼭 완수하게 된다.

일의 의미를 찾아라

많은 일을 하고 있더라도 왜 내가 이것을 하고 있고, 무슨 의미를 가지고 이 일을 진행하고 있는지 알지 못한다면 아무 소용이 없다. 아무 생각 없이 무의미하게 7~8년을 흘려보내는 것과 똑같다. 대부분의 사람들은 그냥 하던 일이니까, 변하는 것이 귀찮고 새로 적응해야 하는 것이 피곤하니까 현재에 안주하는 경우가 많다. 안정적이고 지속적인 일을 추구하며 현재에 안주하는 것 자체는 문제가 없지만, 내가 지금 뭐하고 있는지에 대한 자기반성과 성찰이 없다면 그저 남이 주는 일들을 꾸역꾸역 해치우고, 하루하루 무의미하게 시간만 갈 뿐이다. 회사에 다닌 친구들이 회사를 다니다 보면 목표가 사라지고, 내가 뭘하고 있는지 모르겠다는 허무함이 찾아온다는 말을 했을 때 무슨 말인지 몰랐는데 막상 기업에 와서 보니 조직의 시스템과 업무 방식 때문에 타성에 젖어 그렇게 생각할 수도 있다는 생각을 했다. 1인 기업의 사람도 매일 놀 수는 없다. 어쩔 수 없이 하기 싫은 일도 누구나 해야 하는데, 같은 일이라도 내가 무슨 목적을 가지고 있고, 이 일에서 어떤 가치를 만들고 있는지를 생각한다면 좀 더 의미 있게 일을 할 수 있다.

포기하는 것도 방법이다

큰마음을 먹고 도전을 했는데, 아니다 싶은 순간이 올 수 있다. 많은 비용과 시간을 들였다면 더더욱 되돌아가기가 망설여질 수도 있다. 지금까지 투자한 것이 아까울 수도 있고, 괜히 지금 또 바꾸기엔 누가 손가락질하지는 않을까 걱정도 되고 또다시 새로운 일을 시작하려는 것이 어려울 수도 있다. 하지만 아니라고 생각했을 때 과감히 포기하는 것이, 억지로 시간을 낭비하며 더 끌고 가는 것보다 훨씬 덜 손해다. 과감히 포기하고, 새로운 것을 시도하는 것이 더 낫다. 거듭 말하지만 방법은 많고, 생각보다 길은 더 많을 수 있다.

이직한 후에 인사팀에서 여러 업무를 배우고 경험하고 있다. 인사팀의 업무는 크게 HRD Human resources development 와 HRM Human resource management 으로 나눌 수 있는데, 이직 후 초반에는 조직 문화나 교육 쪽의 업무를 익히며 HRD 업무를 하다

꿈은 바뀔 수 있으며,
또 이룰 수 있다

가 지금은 회사 내부의 업무에 좀 더 깊숙이 들어와 채용 업무를 담당하고 있다. 방송업계에서는 나름 경력과 노하우가 풍부한 노련한 위치였지만 다시 신입사원이 돼서 처음부터 시작하는 기분이다. 모르는 게 너무 많아 초반에는 자존심도 내려놓고 눈치 보는 것도 감수하면서 적응했다. 방송업계에서는 하지 않았던 엑셀이나 파워포인트 업무가 다소 미숙하다 보니 퇴근 후에는 책을 사서 읽거나 동영상 강의를 보면서 손에 익을 수 있도록 노력했다. 지금은 인사팀 업무와 내가 가진 능력을 결합해서 적재적소에 활용하고 있다. 당장은 다소 낯선 인사의 업무들도 시간이 지나면 분명 잘할 수 있을 것이라고 믿는다. 그래서 앞으로 5년 후, 10년 후의 내가 할 수 있는 역할과 나아갈 길에 대해서도 또다시 고민하고, 준비해야 한다. 당장 초반에는 회사에 잘 적응하는 것이 목표였지만 이제 다시 고민을 시작했다. 누구나 처음은 힘들기 때문에 적응하는 시간이 필요하고, 여유를 가져야 하지만 내가 방송국에서 느꼈던 것처럼 또다시 일이 익숙해지고 편해지는 순간, 나태해지지 않기 위해 계속해서 새로운 꿈을 꿔 나갈 것이다.

한 가지 직업으로만 나의 삶을 규정짓지 말자. 도전하기에 늦지 않았고, 생각지도 못한 나의 또 다른 재능을 발견할 수도 있다. 하고 싶었지만 망설였던 일들과 꿈을 다시 펼쳐볼 수도 있다. 삶은 펼치면 펼칠수록, 꿈꾸면 꿀수록 확장되고 넓어지는 무궁무진한 잠재력을 가지고 있다. 그리고 그 삶의 주인은 당신이다. 그래서 지금 하고 있는 일을 뛰어넘는 나의 재능과 가능성을 믿어보자. 그리고 꿈을 계속해서 시험해보고 5년 후, 10년 후의 삶을 위해 아낌없이 현재를 살아가자.

꿈은 바뀔 수 있으며,
또 이룰 수 있다

(부록 4)

성공적으로
이직하는 기술

      아침에 눈을 뜨면 '출근하기 싫다', '다시 자버릴까', '오늘은 그냥 확 휴가 쓸까' 온갖 생각 끝에 마음속으로 크게 1부터 10까지 세고 겨우 침대를 박차고 일어난다. 출근해서 정신없이 일하다가 지쳐갈 때쯤 점심시간이 찾아오고, 졸린 오후가 지나면 퇴근 시간이 다가온다. 오늘 하루도 잘 버텼다. 이렇게 언제까지 버텨낼 수 있을까? 한 번이라도 이런 생각을 해본 적이 있다면, 변화가 필요하다는 신호다. 당신이 지금 있는 그곳을 떠나서 새로운 시작을 해보는 것도 나쁘지 않은 옵션이 될 수 있다. 도전하지 않으면 아무 일도 일어나지 않는다. 그냥 지금 있는 현실에 만족하면서 나름의 행복을 찾는 수밖에 없다. 군이 무엇인가를 매번 바꾸는 것은 수고로운 일이다. 편하고, 익숙한데 변화는 어렵고 피곤하다. 전혀 다른 새로운 곳에 100% 만족하리라는 보장도 없다.

대신, 무언가를 하려고 시도하면 반드시 무언가는 변할 것이다. 그것이 당신의 마음가짐이 되었든, 하는 일이든. 성장하기 위해선 이 정도의 모험은 해볼 만한 가치가 있다. 그 과정이 힘들고 고될 수 있다. 포기하고 감수해야 할 것들도 분명히 있다. 그러나 용기를 내어 조금만 발을 내딛어보면 굉장히 많은 것이 바뀌어 있을 것이다. 자연스럽게 그 용기가 당신의 성장을 응원하고 앞으로의 발걸음을 도와줄 것이다.

겁이 나긴 하지만 한 번쯤은 모험을 시작해볼 준비가 되었는가? 그 누구도 나의 인생을 책임져주지 않는다. 나의 가치는 내 스스로 만드는 것이며, 이직도 당신을 성장하게 하는 하나의 가치 있는 경험이 될 수 있다. 아래의 성공적인 이직의 기술들을 통해 이직으로 향하는 자신감을 채우길 바란다. 당신도 많은 이들의 축하를 받으며 이직을 앞둔 주인공이 될 수 있다.

꿈은 바뀔 수 있으며,
또 이룰 수 있다

1. 철저하게 비교 분석해보기

지금 하고 있는 일과 새롭게 도전하고자 하는 일 사이에서 망설여진다면 A4 용지를 꺼내서 현재 하고 있는 일을 지속할 때 생기는 장점들 그리고 떠날 때 생기는 아쉬움들을 적어보자. 새로운 일을 도전했을 때, 이전에 없던 가치들, 도전하기 위한 비용과 걱정, 걸림돌들을 나열해 보면서 생각을 정리해보면 좋다. 전혀 연관성이 없는 다른 분야로의 이직을 준비한다면 특히 시간과 비용, 에너지 소모가 굉장히 크다. 정보 수집부터 시작해서 시험 준비를 다시 해야 할 수도 있고, 기간이 오래 걸릴 수도 있다. 이런 계획들을 쭉 나열해 보았을 때 오히려 현재 있는 곳에 만족하며 또 다른 자기 계발을 해서 삶을 더 풍요롭게 하는 대안을 만드는 것이 나을 수도 있다. 맞고 틀리고의 문제가 아니기 때문에 본인이 더 마음 가는 방향으로 결정을 하면 된다. 그 결정을 도와주는 역할의 철저한 비교 분석 종이가 필요하다.

나는 방송을 미련 없이 했다고 생각했다. 한 5~6년 차가 되었을 때도 한 번 이직에 대한 고민이 있었는데 그 당시에는 이직하면 후회할 것 같았고, 아직 더 해보고 싶었던 방송인으로서의 역할이 많았다. 그래서 그 시간 동안 방송, 행사, 여러 강의들을 통해 경험을 쌓아 그 갈증을 해소했던 것 같다. 결국 가장 적절한 시기에 아쉬움 없이 이직할 수 있었다. 단, 명심해야 할 것은 어느 쪽이든 선택을 하고 난 이후에는 절대 뒤돌아보지 않아야 한다. '아, 그때 그랬어야 했는데', '그냥 이직하지 말 걸' 혹은 '진작에 할 걸' 같은 생각보다는 결정 후의 선택을 최선의 선택으로 만드는 것이 중요하다. 누구나 후회할 수 있지만, 그 후회와 아쉬움을 최소화할 수 있도록 철저한 비교 분석, 객관적인 기회비용을 따져보면서 이직을 준비하는 것이 좋다.

2. 계속해서 상상하고 그려보기

꿈을 이루고, 새로운 일에 도전한 후에 성공한 내 모습을 상상하고 계속 이미지화 해보자. 막연하더라도 시도해보지 않은 일에 도전을 앞두고 있는 상황에서 찾아올 두려움을 좀 줄여줄 수 있다. 이러한 이미지 트레이닝이 좀 더 의욕을 생기게 하고, 열심히 노력하게 만드는 자극제가 된다. 나 같은 경우에는 중요한 시험이나 도전을 앞두고 있을 때 자기 전에 누워서 항상 합격하는 날의 모습, 합격 이후의 축하를 받고 소식을 가족과 친구들에게 알릴 때의 모습을 이미지화해서 상상하는 것만으로도 긍정적인 마음이 샘솟았던 것 같다.

꿈은 바뀔 수 있으며,
또 이룰 수 있다

이번에 이직을 준비하면서도 방송국에서의 나의 모습이 아닌, 회사에서 프레젠테이션을 하고 업무를 보고, 사람들과 함께 회의를 하는 모습을 계속 상상하며 내가 그 일을 하게 될 순간이 온다는 것이 기대가 되었고 이런 과정들은 나에게 힘든 순간마다 지치지 않는 버팀목이 되어주었다. 물론 상상했던 이미지 트레이닝과 현실은 많이 다른 부분도, 비슷한 점도 있었지만 반복적인 이런 생각 떠올리기를 통해서 오감을 더 자극하고, 긍정적인 에너지를 가져서 도전할 수 있었다. 문득 힘들어지는 순간이나 자신감이 떨어질 때, 지금 내가 이렇게 도전을 하는 게 맞을까 갸우뚱하는 순간에도 이런 이미지 트레이닝을 통해서 부정적인 잡념들을 조금 줄일 수 있었다. 그 시간에 차라리 다른 공부나 준비에 더 몰입할 수 있는 시간을 확보할 수 있었다.

3. 항상 대비하고 준비하기

기회는 언제 어떻게 찾아올지 모르기 때문에 늘 미리 준비해둔다는 마음으로 모든 것에 임하면 도움이 된다. 지금 당장은 쓸모없어 보여도 언제 어떻게 나의 이직 과정에서 필요할지 모르니 최대한 미리미리 준비하기를 바란다. 갑자기 닥쳐서 시험을 준비하고, 고민을 하고, 사람들을 찾아가고, 의견을 구하기엔 시간이 빠듯하다. 지금 당장은 새로운 일을 한다거나 도전하고 싶은 마음이 없다 하여도 미래의 나를 위해 자투리 시간을 알차게 쓴다는 생각으로 취미 활동도 많이 해보고, 여러 활동에도 참여하면서 견문을 넓혀 차곡차곡 준비해두는 것이 좋다.

영어와 프랑스어를 좋아해 나름 오랜 시간 열심히 공부했지만 막상 사회에서 사용할 수 있는 기회가 많지 않아 늘 아쉬웠다. 대학생 때에는 일부러 영어를 100% 사용하는 수업이나 회화 수업을 신청해 들으면서 감을 잃지 않으려고 노력했었다. 하지만 방송을 본격적으로 하면서는 영어를 쓸 일이 거의 없었다. 프랑스어는 말할 것도 없었다. 외국어는 언제 어떻게 해서든 나에게 큰 무기가 될 것 같다는 생각이 들어서 완전히 놓지 않았다. 그래서 방송을 하면서도 간간이 영어와 프랑스어 과외를 했다. 자료를 준비하면서 문법과 단어를 계속 공부하는 것이 큰 도움이 되었다. 덕분에 갑작스럽게 영어 인터뷰 요청이 들어오거나 프랑스 여행을 갈 때에도 당황할 필요가 없었다. 그리고 영화나 드라마를 볼 때에도 무조건 자막 없이 보려고 노력했다. 이직을 준비하면서도 평소에 준비해둔 덕분에 시험의 유형과 테크닉만 빠르게 익혀도 감을 다시 찾을 수 있었고, 가장 높은 성적을 받을 수 있었다.

꿈은 바뀔 수 있으며,
또 이룰 수 있다

이직을 준비하면서 회사에 대한 공부 이외에도 내가 지원하는 직무에 대한 이해와 공부도 함께 준비했다. 대학 때 존경했던 경영학과 교수님을 찾아가서 인사팀 직무에 필요한 서적들을 추천받아 공부했고, 인사팀에서 일하고 계신 선배에게 조언을 구해 업무 전반에 대한 내용, 필요한 역량들에 대한 지식들을 습득하기 위해 노력했다. 관련 서적들을 읽고 인터넷, 블로그에 나온 여러 이슈와 트렌드들을 꾸준히 챙겨 읽었다. 덕분에 실제로 실무적인 경험은 부족할 수 있지만, 입사 전 직무에 대한 이해를 하기 위해 최선을 다했고 면접에서도 좋은 평가를 받을 수 있었던 것 같다.

4. 마인드 컨트롤하기

새로운 사람들을 만나고 낯선 자리에 참석하는 것만으로도 엄청난 에너지가 소모된다. 나를 알려야 하고, 낯선 분위기와 환경에 적응해야 하기 때문이다. 하물며 해오던 일과는 전혀 다른 일에 도전하는 것은 얼마나 더 많은 스트레스와 부담을 동반하겠는가? 지금 하는 일이 지겨워졌으니까, 남들도 도전하니까 하는 가벼운 마음으로 이직을 준비하기에는 그 길이 많이 험난할 수 있다. 크게 스트레스 받지 않으려는 자세는 긍정적이지만, 생각보다 체력적으로도, 정신적으로도 많은 준비와 마인드 컨트롤이 필요하기 때문에 마음을 좀 더 굳게 먹길 바란다.

혹시라도 실패할 수 있고, 시간이 오래 걸릴 수도 있고, 장애물이 많을 수도 있고, 이직해도 새로운 환경에서의 적응이 만만하지 않을 수도 있고, 내가 생각했던 것과 다를 수도 있다. 최악의 상황을 상상하면서 미리미리 준비하고 마음을 강하게 먹어야 한다. 만약 새로운 곳으로의 도전에 성공했는데 막상 해보니 내가 생각했던 것과 많이 다르다 보면 포기하고 싶을 수도 있다. 얼마나 간절한 마음인지, 내가 정말 꼭 하고 싶은 일인지, 이러한 힘든 과정들을 잘 견뎌낼 수 있을 정도의 마음가짐인지를 되돌아보자. 그렇게 했을 때 정말 이 길이 맞다 싶으면 하면 된다. 일단 해보면 된다. 마음먹은 것만으로도 반은 다 왔다.

꿈은 바뀔 수 있으며,
또 이룰 수 있다

9년이라는 시간 동안 아낌없이 방송 진행자로 살아왔
다. 방송업계는 특성상 늘 누군가에게 선택받아야 하는 일의 연
속이었다. 운이 좋게도 좋은 방송국에서 내가 하고 싶은 방송을
해볼 수 있었고 그 덕분에 많은 기회들을 잡을 수 있었다. 방송
은 매력적인 일이었고 때로는 힘들었지만 많은 날이 행복했다.
하지만 마냥 예쁘기만한 방송인 전소영으로 남고 싶지는 않았
다. 내가 가지고 있는 더 많은 능력들을 펼치고 싶었다. 그리고
작년 4월, 방송국을 떠나 나는 기업으로 왔다.

이직을 하고 어느덧 1년이라는 시간이 흘렀다. 방송업계 곳곳에 퍼져 있는 후배, 동료들에게 주기적으로 연락이 온다. 왜 방송을 그만두게 되었는지, 어떻게 하면 기업으로 이직할 수 있는지, 방송에 미련은 없는지, 이직에 성공하기 위해서 무엇을 어떻게, 언제 준비하면 되는지에 대해. 심지어 지금 회사의 동료들도 수백 번 묻는다. 방송을 잘하고 있었는데 왜 이직을 했는지에 대해.

처음 방송을 하고 싶다는 생각을 했던 학창 시절부터 방송업계로의 준비를 하던 직전까지도 엄청난 확신이 있었던 것은 아니었다. 방송을 실제로 계속 이어 오는 동안에도 다른 사람들이 보기에는 마냥 화려해 보이고 아무 걱정이 없어 보였을 수 있겠지만 마음은 그렇지 않았다. 늘 고민했고, 만족스럽지 않았다. 방송업계로의 진로를 결정하는 것에서부터 목표를 이룬 후, 그리고 또 다른 목표를 갖게 되더라도 반복될 수밖에 없는 고민을 먼저 겪었기에 그냥 지나칠 수 없었다. 후배들 한 명, 한 명 나름 최선을 다해 답해주고 있지만, 생각보다 더 많은 후배들이 고민하고 있다는 것을 알았다. 그래서 내가 준비하고 먼저 걸어간 길이 누군가에게 조금이라도 도움이 되길 바라는 마음에서 책을 쓰기 시작했다.

나는 특별해 보이지만 특별하지 않았다. 도전 앞에, 꿈 앞에 마냥 자신만만하지 않았다. 모두가 그렇듯 똑같이 고민하고 두려웠고 무서웠다. 소심한 마음에 상처도 많이 받았다. 하지만 끝까지 포기하지 않았고 가만히 있지 않고 뭔가 계속 바꾸려고 노력했다. 그리고 나는 9년간의 방송 생활을 마무리하고 지금은 기업의 인사팀 직원으로 일하고 있다. 많은 것을 바꾸었고, 많은 게 바뀌었다. 아무도 가지 않던 길을 홀로 걸어간다는 것이 나 역시 두려웠지만 지금은 누구보다 빠르게 적응했고 내가 속한 이곳에서 아낌없이 열정을 또 쏟아붓고 있다. 방송국을 떠나려고 마음먹었을 때 보장된 것은 아무것도 없었다. 오로지 나만을 믿고 내린 결정이었다. 그리고 과감하게 밀고 나간 추진력으로 여기까지 올 수 있었다. 그 결정에 대한 후회는 지금도 없다. 삶의 방향이 달라져도 괜찮다는 것을 보여줄 수 있어 다행이다. 방송을 하는 후배들 말고도, 삶의 기로에서 혹은 살아가는 과정에서 불안해하고 망설이는 이들에게 나의 이야기가 용기가 되길 바란다. 이렇게 삶이 한순간에 뒤바뀌어도, 내가 원하는 대로, 생각한 대로 삶이 펼쳐치지 않아도 그 나름대로 의미 있는 일들이 생기고, 아직도 더 많은 기회가 있다는 것을 꼭 알기를, 찾아내기를 바란다.

에필로그

모두가 기대하는 모습대로 살지 않았지만, 나는 모두의 기대와는 완전히 다른 삶을 살아왔다. 그리고 그 기대를 뛰어넘었다. 남들이 만들어놓은 기준에 부합하는 삶 말고, 당신만의 스토리와 색깔이 담겨 있는 삶을 만들어나가길 바란다. 정해진 답은 없다. 내가 진짜 하고 싶은 것을 찾아서 마음껏 도전해보고 꿈꿔보자. 그리고 아니다 싶으면 과감하게 방향을 틀어보자. 그 모든 과정들이 당신을 더 단단하게 만들어줄 것이다. 다른 어느 누구와도 비교 불가능한 삶의 항로를 그릴 수 있도록 도와줄 것이다. 겁내지 말고 조금 더 과감하게 그리고 용기를 가지고 닻을 풀어보자. 생각하지도 못한 기회와 일들이 펼쳐질 것이다. 그리고 이미 항구를 떠나 출발했다면 뒤돌아보지 않아도 된다. 걱정이 된다면 먼저 많은 시행착오를 겪어내어 항해하고 있는 나의 이야기를 보며 조금이나마 위안을 받길 바란다.

작년은 나에게 많은 변화가 찾아온 해였다. 삶의 한 챕터를 끝내고 새로운 챕터를 시작한 느낌이다. 체감상으로는 1년의 시간이 마치 수년이 흐른 듯하기도 하다. 오랜 시간 해오던 일과는 완전히 다른 일들을 해내고 있다. 꿈을 이뤘다고 끝이 아니었다. 도전도, 적응도 쉽지 않았는데 인정까지 받아야 하기 때문에 긴장도 늦출 수 없었다. 모두가 안 될 것이라 했지만, 결국 해낼 수 있었고, 매일매일 새로운 도전에 직면하고 있다. 아직도 배워야 하고 넘어야 할 산이 많다. 남들과 다른 길을 간다고 해서 틀린 것이 아니다. 그만큼 용감한 아웃라이어가 되는 것이다. 긴 인생에서 한 번쯤은 아웃라이어가 되면 어떨까? 당신도 할 수 있다.

"왜 이직 하셨나요?"

수백 번을 듣고, 수백 번을 답한 질문이다. 앞으로도 이 질문을 자주 듣게 될 것 같으니 익숙해져야 할 것 같다. 어디로 삶이 흘러갈지는 모르지만, 지금 내가 있는 이곳이 마지막 종착지가 아닌 것은 분명하기 때문이다. 두려움이 없던 것은 아니지만 그 두려움을 설렘으로 바꾸고 걱정은 최소화하려고 했기에 가능했다. 이제 또다시 새로운 곳으로 이직을 하게 될 수도 있고 혹은 전혀 다른 꿈을 꾸게 될 수도, 그러지 않을 수도 있지만 분명한 것은 머물러 있지는 않을 거라는 것이다. 그래서 현재에 최선을 다하되 늘 설레는 마음으로 다음을 준비할 것이다. 그리고 기회가 왔을 때 잡고야 말 것이다. 다음번에는 이렇게 질문을 해줬으면 한다.

"다음 꿈은 무엇인가요?"

마음의 체력이 허락하는 한 계속 꿈꾸고 싶고 도전하고 싶다. 생각하지 못한 전혀 다른 일일지라도, 안전하지 않을지라도 해보고 싶은 것을 마음껏 해보고 또 부딪쳐볼 계획이다. 그래서 이 책을 읽는 당신도 오래 간직해온 꿈이든, 새로이 꾸게 된 꿈이든 주저하지 말고 당장 준비하고 시작해보라고 이야기해주고 싶다. 내가 그래왔듯, 당신도 아낌없이 꿈꾸고 도전하고 실패하고 다시 시작하길 바란다. 앞으로도 주기적으로 내가 해보고 싶고, 하고 싶은 일을 찬찬히 생각해 보고 나의 마음을 수시로 들여다보려고 한다. 후회 없이 아낌없는 삶을 위해 당신도 그랬으면 좋겠다. 안주하지 말고, 조금 더 부지런하게, 조금만 더 몸을 일으켜 한 발자국만 더 나아갔으면 한다. 해오던 일과는 조금 다를지라도, 서툴지라도 해보고 싶었던 꿈을 마음껏 펼쳐보면 좋겠다.

　　처음부터 원대한 꿈을 꿨던 것은 아니지만, 목표를 세우고 이뤄나갈 때마다 스스로 꿈의 시야와 높이가 확장되는 느낌을 받았다. 어느 누구도 다른 이의 삶을 평가할 자격은 없지만, 내 스스로의 삶에 떳떳하고 싶었고 한계를 규정짓지 않는 나의 삶이 점점 더 좋아졌다. 도전하는 나의 모습을 아끼게 되었고, 가장 든든한 무기인 나 자신이 있어서 무서울 게 없어졌다. 그래서 현실적으로는 불가능할지라도 더 큰 꿈을 계속 꾸고 몇 년 후에 또 생각지도 못한 나의 이야기를 만들어가고 싶다. 당신이 생각하는 것보다 각자에게 잠재적인 가능성이 있다. 할 수 있다는 마음으로 스스로를 믿고 의지하며 무엇이든 해보길 응원한다. 도전하고 꿈을 꾸는 것이 마냥 장밋빛처럼 아름답기만 한 것은 아니지만, 확실한 것은 무엇인가를 했다는 것이고 그 과정에서 평생을 살아가는 데 꼭 필요한 많은 경험과 기회들을 당신에게 가져다줄 것이다.

때로는 내가 간절히 원한 꿈을 이루지 못할 수도 있지만, 그보다 더 나에게 잘 맞는 새로운 방향으로 길이 열릴 수도 있다. 꿈을 준비하는 과정에서 생긴 나만의 노하우와 내공들이 쌓여 당신에게 또 다른 기회를 가져다줄 것이다. 새롭게 꾼 꿈이 나에게 더 잘 맞을 수도 있고, 생각지도 못했던 나의 재능과 역량을 발견해줄 수도 있다. 어떤 식으로 삶이 펼쳐지게 될지는 아무도 모른다. 그렇기 때문에 시험을 준비할 때, 도전의 과정을 이어 나갈 때 좌절을 하는 순간이 오더라도, 생각한 대로 되지 않아도 너무 속상해하지 말고 다시 힘을 내기를 바란다.

인생은 날씨와 같아서 자주 변한다. 때로는 맑고 화창

에필로그

하지만 때로는 먹구름이 가득하다. 어떤 때에는 맑은 날은 손에 꼽기도 하고, 대체로 예측할 수 없는 날이 더 많다. 생각지도 못하게 갑자기 비가 쏟아지기도, 눈이 펑펑 내리기도 한다. 대자연의 변화 속에서 우리는 별달리 할 수 있는 것이 없다. 그래도 한가지 희망적인 사실은, 눈이 와도 비가 와도, 바람이 불어도 다 헤쳐나갈 방법은 있다는 것. 우산을 준비하면 비를 피할 수 있고, 비가 너무 많이 내린다면 비가 그친 뒤에 밖을 나가면 된다. 태풍이 와도 상처와 피해는 남기겠지만 결국 언젠가 소멸한다.

삶도 날씨와 닮아 있다. 그래서 아무리 예측할 수 없는 상황일지라도, 내가 생각한 대로 삶이 펼쳐지지 않을지라도 너무 낙심하거나 걱정하지 않아도 된다. 그리고 누구나 적응할 수 있다. 365일 내내 추운 곳에 사는 북극 지역은 추위에 대비하기 위해 털이 많은 짐승의 가죽을 뜯어 옷을 지어 입고 추위를 피하기 위해 이글루를 지어 산다. 1년 내내 더운 나라에서 사는 사람들은 더위를 이기기 위해 독특한 보양식을 만들어 먹고, 수분을 자주 섭취한다. 스스로 통제할 수 없는 환경일지라도 그 속에서 적응하며 살아갈 방법은 충분히 있다. 그리고 또 생각지 못하게 더 큰 의미를 찾을 수 있다. 뻔한 삶보다 더 다이내믹한 삶이 재미있다.

나는 때로는 기상캐스터였고, 때로는 선생님이었고 때로는 학생이었다. 지금은 기업의 직장인이다. 날씨를 전하는 순간, 학생들에게 스피치를 가르치던 순간, 재능 기부 강의를 기획하던 순간, 논문을 정리하며 공부하던 시간들 모두 다 나의 날씨였다. 앞으로 어떻게 인생이 펼쳐질지 나도 잘 모르겠지만, 그래서 어떤 날씨를 만나게 될지 모르겠지만, 나 역시 그렇듯, 당신의 날씨도 때론 맑고, 때론 흐리더라도 따뜻했으면 좋겠다. 추운 겨울을 잘 이겨내고 적당한 기온과 적당한 습도의 따스한 가을볕이 오래 함께하기를 바란다.

에필로그

삶의 방향이
달라져도 괜찮아

1판 1쇄 인쇄 2023년 5월 22일
1판 1쇄 발행 2023년 5월 30일

지은이 전소영

발행인 양원석 **편집장** 정효진 **디자인** 남미현, 김미선
영업마케팅 양정길, 윤송, 김지현, 정다은, 박윤하

펴낸 곳 ㈜알에이치코리아
주소 서울시 금천구 가산디지털2로 53, 20층 (가산동, 한라시그마밸리)
편집문의 02-6443-8847 **도서문의** 02-6443-8800
홈페이지 http://rhk.co.kr
등록 2004년 1월 15일 제2-3726호.

ISBN 978-89-255-7644-2 (03190)

❋ 꿈은 많지만, 선뜻 실행에 옮길 용기가 나지 않는다.

❋ 오래 해오던 일이 익숙하거나 다른 일이 겁이 나서
   일을 바꾸지 못한다.

❋ 이직하고 싶지만 새로운 곳에서의 적응은 두렵다.

❋ 지금 하고 있는 일이 100% 만족스럽지 않다.

❋ 새로운 일에 도전해보고 싶다.

❋ 나만의 특별한 이야기를 만들고 싶다.

❋ 한 번뿐인 인생을 후회 없이 살고 싶다.

두려웠지만 설렜던 여러 도전들과

내가 시도해 보았던 효과적인 이직의 방법들,

그리고 지치지 않고, 도전하며 용기 있게

살아갈 수 있는 방법들에 대해서 기록했다.

알에이치코리아 홈페이지와 블로그, SNS에서 자사 도서에 대한 더 많은 정보와 이벤트
혜택을 확인할 수 있으며, 전자책을 만나볼 수 있습니다.

홈페이지 http://rhk.co.kr | http://ebook.rhk.co.kr
페이스북 https://www.facebook.com/rhk.co.kr
인스타그램 http://www.instagram.com/rhkorea_books
블로그 https://blog.naver.com/randomhouse1
유튜브 http://www.youtube.com/randomhousekorea

9년의 기상캐스터와 방송 경력을 버리고
대기업 직원으로 다시 시작하는 힘

"당신도 아낌없이 꿈꾸고 도전하고 실패하고 다시 시작하라!"

유니크한 기상캐스터에서 대기업 직장인으로의 변화, 단절 속에서 새로운 연속을 찾아 나갈 때 느끼는 갈등과 솔루션을 가감 없이 볼 수 있는 책이다.　　　　　　　　　　　　　**-신한은행 팀장 오건영**

제자리에 머물러 시간을 흘려보내지 않고, 항상 시간을 부여잡고 자신 안에 있는 무언가를 채굴하는 것에 온 정신을 쏟았던 사람으로 기억한다. 그가 무엇을 찾았는지 이 책에서 들여다볼 수 있을 것이다.

-아나운서 배성재

직업군인, 삼성맨을 거쳐 공직에 있는 나보다 더 보람 있고 풍성한 삶이 펼쳐지기를 기대해본다.　　**-전 삼성전자 부사장, 현 강원도 경제부지사 정광열**

이 책을 읽고 보니, 인생에서 소나기가 내린다면 '우산 챙길걸'이 아니라 '그래, 비 맞고 흠뻑 젖으면 좀 어때'라는 생각이 든다.

-카카오엔터테인먼트 PD 권해봄

삶에 정답은 없다는 것을 알면서도, 막상 선택의 기로에 서게 되면 발걸음을 내딛기 쉽지 않다. 그 어려운 한 걸음을 목전에 두고 있는 사람들에게 이 책을 보라고 권하고 싶다.　　　　　**-마운드미디어 CSO 전준영**

ISBN 978-89-255-7644-2 (03190)
값 16,800원